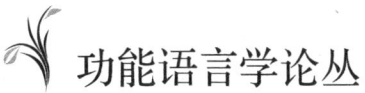功能语言学论丛

Discourse Studies on English and Chinese Texts from the Functional Semantic Perspective

功能语义视角下的英汉语篇研究

陈瑜敏◎著

中山大学出版社
SUN YAT-SEN UNIVERSITY PRESS

·广州·

版权所有　翻印必究

图书在版编目（CIP）数据

功能语义视角下的英汉语篇研究/陈瑜敏著．—广州：中山大学出版社，2020.4

（功能语言学论丛）

ISBN 978-7-306-06820-0

Ⅰ.①功… Ⅱ.①陈… Ⅲ.①英语　翻译—研究 Ⅳ.①H315.9

中国版本图书馆 CIP 数据核字（2019）第 293627 号

GONGNENG YUYI SHIJIAOXIA DE YINGHAN YUPIAN YANJIU

出版人：	王天琪
策划编辑：	熊锡源
责任编辑：	熊锡源
封面设计：	林绵华
责任校对：	卢思敏
责任技编：	何雅涛
出版发行：	中山大学出版社
电　　话：	编辑部 020-84110771，84113349，84111997，84110779
	发行部 020-84111998，84111981，84111160
地　　址：	广州市新港西路 135 号
邮　　编：	510275　传　真：020-84036565
网　　址：	http://www.zsup.com.cn　E-mail：zdcbs@mail.sysu.edu.cn
印刷者：	广州市友盛彩印有限公司
规　　格：	889mm×1230mm　1/32　8.125 印张　200 千字
版次印次：	2020 年 4 月第 1 版　2020 年 4 月第 1 次印刷
定　　价：	35.00 元

如发现本书因印装质量影响阅读，请与出版社发行部联系调换

序

我于2003年9月初认识瑜敏，当年在我为本科生开设的功能语篇分析课上，瑜敏在课程学习和论文写作上表现十分优秀。课程结束后，她表达了希望继续学习系统功能语言学和语篇分析的愿望。我对瑜敏的学术潜力很有信心，欣然答应。本科毕业时，瑜敏大学四年的绩点为全年级第一，于2005年6月获得了硕博连读资格，并于2006年9月正式进入博士阶段的学习。瑜敏求学期间十分刻苦，2006年她被推荐为中山大学与（澳大利亚）悉尼大学联合培养的博士生，并于2009年6月和7月获得了两所大学分别授予的博士学位，成为系统功能语言学方向首位中外联合培养并获得双方学位的博士，这在国内是少见的。

获得两所著名大学分别授予的两个博士学位是瑜敏学术道路上很好的起点。瑜敏2009年毕业留校任教，2018年晋升中山大学外国语学院教授，这些年来她的努力和成果有目共睹。她在国内外核心学术期刊发表多篇论文，包括A&HCI和SSCI期刊 *Semiotica*、*Social Semiotics*、*Discourse & Communication*、*Visual Communication*、*Linguistics & Education*，以及CSSCI语言学核心期刊《外语教学与研究》《中国外语》《当代语言学》《外语教学》《外语与外语教学》《外语电化教学》《语言教学与研究》等。瑜敏主持国家社科基金项目、教育部人文社会科学研究项目、教育部留学回国人员科研启动基金项目、中国博士后科学基金面上项目、广东省哲学社会科学"十二五"规划项目等多项国家级、省部级课题。瑜敏的成果在同龄人中非常突出。

瑜敏的工作也获得了国内外专家的认可。早在2008年她在悉尼大学求学期间，外方导师、语篇评价系统创立者、悉尼大学教授James Martin曾多次向我称赞她的优秀表现，表扬她"very smart"。在悉尼大学留学期间，她也得到了Michael Halliday, Ruqaiya Hasan, Christian Matthiessen, Theo van Leeuwen, Frances Christie, Clare Painter, Peter White, David Rose, Susan Hood, Ahmar Mahboob, Chris Cléirigh, Maree Stenglin, Monika Bednarek等多位学者的高度评价。2009—2011年在中山大学国际汉语学院任师资博士后期间，她对汉语文化教材语篇的研究得到了合作导师、中山大学国际汉语教材研发与培训基地主任周小兵教授的赞赏。瑜敏还担任中国英汉语篇分析研究会常务理事、中国功能语言学研究会理事，2013年7月第40届系统功能语言学大会在中山大学召开，作为会议的主要工作人员之一，她的工作得到与会国内外学者的好评。她于2012年入选广东省高等学校"千百十工程"第七批培养对象，2015年入选中山大学优秀青年教师培养计划，2018年入选广东省青年珠江学者。

瑜敏的新著《功能语义视角下的英汉语篇研究》是她近年研究成果的一个汇报。全书分为"英汉教育语篇研究"和"文学语篇和媒体语篇研究"两大部分，深入考察了教育语境和文学、新闻媒体英汉语篇的篇章语义特征。该书探讨的问题包括教学话语多声互动的多模态构建方式、教材情感态度意义构建中的模态间关系、情态分析在多模态外语教材研究中的应用、外向型英汉文化教材话语态度介入策略比较、对外汉语文化教材的话语态度、多模态语篇图像的概念意义与图文关系、如何从语法隐喻视角研究英语文学原著与简写本的易读度、现代改写本对中国古代寓言的重构、文学作品原著和改写本态度意义的多模态建构比较、文学原著与简写本的复合小句关系对比,以及电视公益广告多模态评价意义构建等多个方面,均为近年功能语言学和语篇分析研究领域的前沿研究。

  瑜敏的这一力作立足于中国语境的英汉教学话语和文学、媒体话语,结合当前功能语言学和语篇分析研究中的热点问题,在实证分析的基础上系统考察英汉语篇的语法语义和篇章结构特点,对语言学、符号学、教育研究领域的相关问题有重要的学术价值和现实意义。对功能语言学、语篇分析、英汉对比研究和多模态话语分析感兴趣的研究者和学生有重要参考价值。

  瑜敏一步一个脚印、勤恳踏实的态度是她成为同龄人中佼佼者的重要原因。我为瑜敏这些年的成长和成绩感到十分骄傲,也相信今后她会做得更好!

黄国文
2018 年 6 月 19 日

  黄国文,广东饶平人,教育部"长江学者"特聘教授,华南农业大学外国语学院院长、教授、博士生导师,英国爱丁堡大学应用语言学博士、英国威尔士大学功能语言学博士。

目 录

第一部分　英汉教育语篇研究

1. 外向型英汉文化教材话语态度介入策略比较 …………… 2
   - 1.1 引言：跨文化视阈下文化传播的话语方式研究 … 2
   - 1.2 文化教材话语态度介入策略分析 ………………… 3
     - 1.2.1 介入与话语对话性体现方式 ……………… 4
     - 1.2.2 扩展与压缩对话空间的策略分析 ………… 7
   - 1.3 英汉文化教材态度介入策略比较 ………………… 10
     - 1.3.1 英汉文化教材态度介入策略的总体特征 ……………………………………………… 10
     - 1.3.2 对话性扩展策略比较 ……………………… 11
     - 1.3.3 对话性压缩策略比较 ……………………… 14
   - 1.4 结语 ………………………………………………… 14

2. 对外汉语文化教材话语态度分析 …………………………… 16
   - 2.1 引言：汉语文化教材的情感态度研究 …………… 16
   - 2.2 话语人际意义与态度系统 ………………………… 17
   - 2.3 汉语文化教材态度资源对比分析 ………………… 18

  2.3.1 叙述体课文和对话体课文中态度类型的总体特征 ………… 19
  2.3.2 态度类型和倾向转换的因素分析 …… 22
  2.3.3 态度意义的显性与隐性实现方式 …… 25
 2.4 结语 ………………………………………………… 28

3. 话语多声互动的多模态构建方式解析
——以语言教材话语为例 ………………………… 30
 3.1 引言 ………………………………………………… 30
 3.2 话语多声与介入、分级系统理论溯源 …………… 31
 3.3 多模态交际中的介入、分级资源剖析 …………… 33
  3.3.1 五类多模态介入资源辨析 ……………… 34
  3.3.2 多模态介入资源的分级意义 …………… 38
 3.4 多模态介入、分级资源在语言教材中的应用探讨 ………………………………………………… 43
  3.4.1 运用多模态手段控制生词难度 ………… 43
  3.4.2 运用多模态手段实现文体转换 ………… 44
  3.4.3 运用多模态手段增强与读者的互动 …… 44
  3.4.4 运用多模态手段辅助记忆 ……………… 45
 3.5 结语 ………………………………………………… 46

4. 教科书语篇多模态符号的介入意义与多声互动 ………… 47
 4.1 引言 ………………………………………………… 47
 4.2 多声研究中的介入系统理论 ……………………… 48
 4.3 教科书语篇的多声系统 …………………………… 51
 4.4 多模态符号资源的介入意义分析 ………………… 52

    4.4.1 书中角色的对话泡 ················ 52
    4.4.2 单词标签 ···················· 53
    4.4.3 读者参与的共建语篇 ············· 54
    4.4.4 插图 ······················ 55
    4.4.5 图像中高亮的文字 ··············· 56
  4.5 多模态教科书语篇的多声互动 ··············· 57
  4.6 结语 ······························ 58

5. 情态分析在多模态外语教材研究中的应用探析 ······ 60
  5.1 引言 ···························· 60
  5.2 语言学情态研究 ······················ 60
  5.3 社会符号学情态研究 ··················· 62
    5.3.1 情态标记 ···················· 63
    5.3.2 情态编码取向 ················· 64
  5.4 情态分析在多模态教育语境中的应用 ·········· 66
    5.4.1 不同教育语境中的情态对比分析 ······ 66
    5.4.2 宏观语篇体裁的情态分析 ·········· 67
    5.4.3 编码取向在教材语篇中的比例问题 ····· 69
  5.5 结语 ···························· 70

6. 多模态教科书语篇图像的概念意义与图文关系 ······ 71
  6.1 引言 ···························· 71
  6.2 当代教科书的特点：多模态语篇 ············ 72
  6.3 科学语篇中图像的概念意义和图文关系 ········ 73
  6.4 图像的概念意义与图文关系 ·············· 75
    6.4.1 小学教科书图像特点：漫画式插图和照片

  6.4.2 中学教科书图像特点：混合图像和图文并茂的阅读栏 …… 77
  6.4.3 大学教科书图像特点：抽象的图表和纲要式绘图 …… 78
 6.5 讨论：语域对图像特点和图文关系的影响……… 79
 6.6 结语 …… 81

第二部分　文学语篇和媒体语篇研究

7. 语法隐喻框架下英语文学原著与简写本的易读度研究 …… 84
 7.1 引言：易读度研究及不足 …… 84
 7.2 语法隐喻概念及发展 …… 86
 7.3 语法隐喻在原著与简写本中的分布特征和改写情况 …… 88
  7.3.1 概念隐喻及其改写 …… 90
  7.3.2 语气隐喻及其改写 …… 91
  7.3.3 情态表达的隐喻化和去情态化 …… 93
 7.4 不同改写方式的语法隐喻程度比较 …… 95
  7.4.1 概念隐喻还原程度比较 …… 95
  7.4.2 改写后的语气隐喻程度比较 …… 98
 7.5 讨论：简写本对概念隐喻和人际隐喻不同改写方式的动因分析 …… 100
 7.6 结语 …… 102

8. 英语文学名著手稿、原著和改写本态度意义的多模态
   构建对比研究 ·················· 105
   8.1 引言 ·················· 105
   8.2 多模态文学作品《爱丽丝漫游奇境记》的手稿、
       原著和改写本 ·················· 106
   8.3 语言和视觉态度意义的社会符号学分析法 ·········· 108
   8.4 对比研究及分析结果 ·················· 110
       8.4.1 手稿、原著和改写本态度意义的语言体现
             方式比较 ·················· 111
       8.4.2 手稿、原著和改写本首张插图的态度意义
             比较 ·················· 119
   8.5 讨论 ·················· 126
   8.6 结语 ·················· 128

9. 现代改写本对中国古代寓言的重构：功能语篇分析
   视角 ·················· 131
   9.1 引言 ·················· 131
   9.2 中国古代寓言及其现代改写本 ·················· 132
   9.3 理论框架 ·················· 134
   9.4 研究对象 ·················· 136
       9.4.1 分析对象 ·················· 136
       9.4.2 重构人物经历 ·················· 137
       9.4.3 态度意义重构 ·················· 143
   9.5 讨论 ·················· 147
   9.6 结语 ·················· 148

10. 英语文学原著与简写本复合小句关系对比研究 ········ 150
- 10.1 引言 ·· 150
- 10.2 理论框架和选题依据 ····················· 151
- 10.3 原著与简写本中复合小句的逻辑依赖关系比较
   ·· 153
- 10.4 原著与简写本中复合小句的逻辑语义关系比较
   ·· 154
  - 10.4.1 简写本对原著复合小句扩展关系的改写 ·· 155
  - 10.4.2 简写本对原著言语投射和思想投射的改写 ·· 162
- 10.5 讨论：原著与简写本复合小句逻辑依赖关系和逻辑语义关系存在差异的原因 ············ 165
- 10.6 结语 ··· 167

11. 评价系统视角下《世说新语》及其英译比较研究 ······ 169
- 11.1 关于《世说新语》及其英译 ············ 169
- 11.2 评价系统 ······································ 171
- 11.3 评价系统视角下《世说新语》及其英译对比研究
   ·· 173
  - 11.3.1 《世说新语》的态度资源特点 ······· 173
  - 11.3.2 《世说新语》英译的态度意义对比分析
     ·· 175
  - 11.3.3 英译文的情感资源比较 ············ 176
  - 11.3.4 英译文的评判资源比较 ············ 181
  - 11.3.5 英译文的鉴赏资源比较 ············ 183

11.3.6　英译文中出现差异的原因 ………… 186
　11.4　结语 …………………………………………… 187

12. 文学名著改写本对原著的经验重构
　　——基于对《神笔马良》及其简写本、扩写本的
　　功能文体分析 ……………………………………… 188
　12.1　引言 …………………………………………… 188
　12.2.　理论回顾 ……………………………………… 189
　　　12.2.1　功能文体学 ……………………… 189
　　　12.2.2　经验构建和汉语及物系统 ………… 190
　12.3　原著与简写本、扩写本的关系 ……………… 190
　12.4　原著与简写本、扩写本经验构建对比 ……… 191
　　　12.4.1　"把"字结构和"被"字结构的不同
　　　　　　　用法 ……………………………… 193
　　　12.4.2　各类关系过程的改写 ……………… 195
　　　12.4.3　原话引述与间接引述比较 ………… 198
　　　12.4.4　心理过程比较 ……………………… 200
　12.5　讨论：不同前景化的动因分析 ……………… 202
　12.6　结语 …………………………………………… 205

13. 奥运电视公益广告多模态评价意义的构建 …… 206
　13.1　引言 …………………………………………… 206
　13.2　理论框架：评价系统与视觉分析法 ………… 207
　13.3　多模态评价资源分析 ………………………… 211
　　　13.3.1　语言部分的评价资源 ……………… 211
　　　13.3.2　电视画面的评价资源 ……………… 217

13.4　多模态电视公益广告评价意义的构建…………219
13.5　结语…………………………………………… 221

参考文献 …………………………………………… 222

第一部分
英汉教育语篇研究

1. 外向型英汉文化教材话语态度介入策略比较[①]

1.1 引言：跨文化视阈下文化传播的话语方式研究

近年来，汉语国际教育中的文化传播日益受到政府部门和学界的关注，通过比较中外话语体系和文化差异，探索文化传播的方略和路径也逐渐成为共识。如许琳（2012：24）指出，"我们所遭遇的种种困难和问题……深层次的原因是中外文化差异和话语体系不同，是跨文化交际能力缺乏"。赵金铭（2011：90）指出，目前汉语国际教育中的文化传播方式"有些急功近利，过于直白，多少带有为介绍中华文化而讲文化的倾向"，并提出研究者应关注"如何与学习者的本土文化相结合，如何克服中外不同话语体系和不同文化差异所带来的障碍，用国外学习者容易接受和理解的方式，来介绍中华文化"。而比较中外话语体系的异同，离不开对文本语料的系统分析。考察其他语种作为第二语言的文化教材，并与汉语文化教材进行系统比较，可为汉语文化教材的编写和研发提供可借

[①] 此文原刊于《中国外语》2013 年第 4 期，作者为陈瑜敏。

鉴的经验（周小兵等，2010：6）。

本文以外向型英汉文化教材为分析对象，比较两类教材态度介入策略的异同。所考察的英语文化教材为英语国家本国人编写的、面向英语作为二语/外语学习者的英美概况教材；汉语文化教材为来华留学生广泛使用的中国概况教材。中国概况课是来华接受学历教育的外国留学生的必修课之一，在汉语国际教育文化课程中具有较强的代表性。以中国概况为代表的文化课程所讲授的文化事实往往涉及态度、视角和价值判断，文化知识包括感情、态度、视角和世界观等主观因素（祖晓梅、陆平舟，2006：122）。

关于汉语文化教材话语态度的研究表明，文化教材中广泛存在表达情感态度的语言资源，叙述体和对话体课文中引起态度类型和倾向变化的因素和方式存在差异，文化教材中态度意义的实现具有显性铭刻与隐形标记两种方式（陈瑜敏，2010：6）。然而，在运用语言表达态度时，作者是直陈所思还是间接表达，态度介入方式在不同语种文化教材中有何异同，如何有效借鉴留学生本族语言的话语方式，运用各类介入策略，从而使话语方式更容易为学习者理解和接受，是教学资源开发过程中亟待研究的问题。本文试图在功能语篇分析的视阈中对这一问题进行探讨。

1.2 文化教材话语态度介入策略分析

本文依据的理论框架为人际意义评价理论的介入系统（Martin，2000；Martin & White，2005）。介入系统（Engagement System) 是语篇评价系统网络中的一个范畴,借助介入系统,分析者可以考察态度表达时语言来源是否具有对话性以及对话空间扩展和压缩的具体实现方式。

1.2.1　介入与话语对话性体现方式

语言使用者在表达态度时,可以直截了当地表达所思所想,也可以采用或明确或隐晦的方式、假借他人的观点或立场来间接表明自己的态度。在功能话语研究中,J. R. Martin 及其同事 P. R. R. White 用自言(monogloss)和借言(heterogloss)两个范畴分析态度表达的具体方式。其中"借言"涉及话语的对话性,常见的借言手段包括投射(projection)、情态(modality)和让步(concession)(Martin & White, 2005:36)。投射将语篇以外的立场、观点引入语篇之中,所提及的观点支持语篇中作者的声音。例如:

(1) … this 24/7 access has a huge impact on leisure time and American's ability to relax. Joe Robinson, in his book *Work to Live*: *Reclaim Your Life*, *Health*, *Family*, *and Sanity*, states, "The line between work and home has become so blurred that the only way you can tell them apart is that one has a bed."

(see *American Ways*, P. 225)

(2) 中国人常说,"一方水土养一方人"。这是因为中国的饮食文化具有鲜明的地域特色。

[见《中国概况》2011 年版(以下简称《中·2011》), P. 123]

例(1)介绍了频繁上网的习惯给美国人的业余时间带来了强大的冲击。作者运用投射的语言手段,引用 Joe Robinson 关于工作和家庭生活的界限越来越模糊的原话来支持自己的观点。例（2）在阐释中国饮食文化具有地域特点时，也运用了投射手段，引用俗谚说明由于每个地区的物候环境不同，人们的生活方式、性格观念也随之不同。与例（1）一样，例（2）中的引述同样支持语篇中作者的观点。

使用情态词也是话语多声的另一种体现方式。例如：

（3）If workers are laid off through no fault of their own, they <u>may</u> be eligible for unemployment compensation.

(see *The U. S. A.*, P. 205)

（4）<u>应该说</u>中国人对世界的关注度还是很高的。

(见《中·2011》, P. 137)

例（3）中的情态词"may"表示肯定推测，意为被无故辞职的工人有可能获得失业补偿。"may"表肯定推测，但同时也暗含存在更为确定、不确定甚至否定推测的可能性。例（4）中的情态词"应该说"也表示肯定的推断，但同时也暗含存在其他推测的可能性。即使最肯定的情态表达也暗示话语中的立场只不过是众多立场的其中一种（Martin & White, 2005：104-106）。使用情态词的微妙之处在于，作者在主张一种观点的同时，暗示其他声音有可能对所主张的立场持赞同或反对意见。换言之，情态词的使用在一定程度上扩大了语篇对话的空间。

话语多声的实现方式还包括让步词语的使用。例如：

（5）A view long held by many foreigners is that it takes time to make friends with the English, <u>but</u> that then it becomes something significant and permanent.

(see *Britain-Culture Smart*, P. 132)

（6）近些年，在国有大中型企业向市场经济过渡的过程中,有许多职工下岗,待业和失业率上升,但国家除了保证下岗职工最低生活收入外,还开辟了许多再就业的渠道。
[见《中国概况》2003年版(以下简称《中·2003》),P. 66]

例(5)中"but"表示让步,其语篇功能为"反预期"(counter-expectancy)(Martin & White, 2005:118),用于连接两个关系密切但叙述重点有所变化的命题。经由让步词"but",前一命题"和英国人交朋友虽然需要一段时间"和后一命题"这种友谊却是持久而有价值的"之间产生了对话。例(6)中让步词语"但"同样具有反预期功能,引出相应的保障措施,话语中前后两种声音存在对话性。

为了更系统地考察话语中体现对话性和实现多声互动的各类语言资源,Martin及其同事从M. Bakhtin(1981,1986)关于对话(dialogism)和多声(heteroglossia)的理论中得到启发,他们最初从话源(intra/extra-vocalisation)的角度(即对话的声音来源于话语内部还是话语外部)来建构介入系统(White, 1998)。随着研究的深入,近年来,Martin & White对介入系统中借言范畴的划分标准做了进一步调整,将对话性的扩展和压缩(dialogic expansion/contraction)作为划分借言的主要参数,而话源则作为辅助参考标准(Martin & White, 2005)。以对话性的扩展和压缩作为主要分析框架,其优越性在于能较好地解释为何外部声源也存在不同程度的对话性开放和关闭(王振华、路洋,2010:55)。下文从对话空间扩展和压缩的角度,分析英汉文化教材中态度介入策略的语言特征。

1.2.2 扩展与压缩对话空间的策略分析

对话空间的扩展和压缩指的是语言资源在语义功能上是积极地扩展多声互动的空间，还是挑战、限制其他声音和立场（Martin & White，2005：102）。其中扩展对话空间的策略包括"包容"（Entertain）和"归属"（Attribute）两种方式。英语中"包容"的常见实现方式包括表推测的副词"perhaps" "probably" "possibly"，情态动词"may/can/must/would（be）"，表推测的小句"It seems that…" "It is probable that…" "Estimates are that…"等。汉语中的"包容"策略可通过语气副词"或许" "恐怕" "大概"，表示必然的副词"会" "应该"等语言手段来体现。上文例（3）和例（4）中的情态词也属于包容。包容之所以扩展了对话的空间，是因为它表明语篇中的声音所暗示的定位只是关于某个论题的其中一种立场，这就为其他可能的定位和立场在不同程度上打开了对话的空间。

"归属"是扩展对话空间的另一种策略。与包容不同的是，它将文本中的命题"归属"为该语篇之外某个声音的立场或看法。根据作者对这一立场的态度不同，归属又可分为"承认"（Acknowledge）和"疏远"（Distance）。"承认"表明作者转述并接受外部声音的观点，常见的实现方式包括表转述的动词和短语，比如例（1）、例（2）中对俗语和名言的投射引用。英汉教材中表"承认"的例子还有"President George W. Bush mentioned in his State of the Union address…" "The Travel Industry of America reports that…" "据调查，……" "据统计，……"等。"疏远"在态度取向方面与承认不同，作者在引述的同时拒绝外部声音的看法。文化教材中疏远策略使用得不多，例如：

(7) Vince Lombardi, a famous professional football coach, was often criticized for stating that winning is the "only thing" that matters in sports.

(see *American Ways*, P. 217)

例（7）在引述足球教练 Vince Lombardi "胜利是体育中'唯一'应追求的事情"的观点时，通过"was often criticized for stating that…"明确表示自己并不赞同这一观点。

再来看对话性压缩的实现方式。压缩对话空间的策略包括"声明"（Proclaim）和"否认"（Disclaim）。声明又可分为"赞同"（Concur）"宣布"（Pronounce）和"认可"（Endorse）三个范畴。"赞同"将命题表述为无可厚非、不可推翻的陈述，其词汇语法体现形式包括表示确认或肯定的"of course""admittedly""当然""……是再贴切不过的"等。"宣布"以强调的方式表明语言使用者的态度，从而排除其他可能性，其体现方式包括"indeed""really""确实""无不……"等。"认可"与"赞同"和"宣布"的差别在于，"认可"借助外部权威的声音来说明文本中命题的真实性，常见体现方式如"Studies have shown/demonstrated/proven that…"等。

对话性压缩的另一策略为"否认"。否认包括"否定"（Deny）和"反预期"（Counter）。"否定"在引用某一观点的同时否定这一观点，否定词"no""(did/have) not""never""不""没有"等是常见的体现方式。"反预期"指作者在引用与命题相关但观点不同的外部声音时，通过让步词等语言手段引出事态或观点的另外一面，从而使预期受挫，常见表达包括"but""surprisingly""但""尽管如此"等。

各类介入策略可以用系统网络的方式呈现。根据对话空间是扩展还是压缩（Martin & White，2005），文化教材中的介入策略可用下图表示：

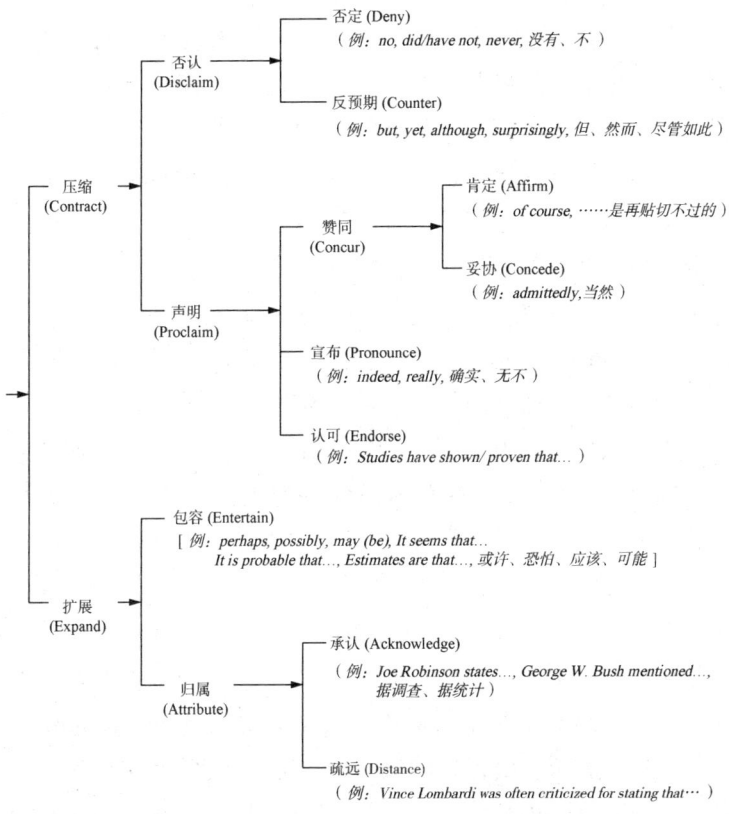

图 1.1　介入系统

（Martin & White，2005；图中例子均取自英汉文化教材）

1.3 英汉文化教材态度介入策略比较

在比较分析之前,我们先说明英汉教材的选择情况。为保证语料的可比性与研究的效度,我们对所考察教材的教学对象、课文主题、编写者和出版社的情况做了以下限定:均选自近几年由所在国出版的外向型文化教材;课文主题为当代社会生活,包括衣食住行、经济生活、文化娱乐、家庭生活、社会交往等方面,共计61个语篇,涉及文化教材7部(包括中国概况教材3部、英国概况和美国概况教材各两部),均为纸质书面语篇。用功能语言学的术语来说,交际的语旨(tenor)、语场(field)和语式(mode)(Halliday, 1994; Martin, 1992)三个情景语境因素都得到了界定。

本文选择主题为"当代社会生活"的相关课文进行考察,其原因有二:其一,文化教材内容选择的标准之一,是以当代文化为主还是以古代文化为主。若以当代文化为主的教材则对学习者了解该国当代文化、促进与该国人的交际很有帮助(周小兵等,2010:3)。所考察的几部英汉文化教材都无一例外地包含"当代社会生活"这一话题。可见,对当下人们现实生活的介绍和阐释是目前中外文化教材共同关注的重要方面。其二,就第二语言教学中文化的定义而言,"文化是人们的生活方式"(祖晓梅、陆平舟,2006:121)。在中外比较的视阈下考察对当代社会生活的文化阐释,可以更好地比较中外话语方式和话语策略。

1.3.1 英汉文化教材态度介入策略的总体特征

我们分析了7部英汉文化教材中关于当代社会生活的61

个语篇，教材中介入资源的分布情况如表1.1所示。

表1.1 英汉文化教材态度介入策略对比

教材类型	句子总数/百分比	含有态度介入的句子数/百分比	介入类型							
			对话性扩展			对话性压缩				
			包容/百分比	归属/百分比		否认/百分比		声明/百分比		
				承认/百分比	疏远/百分比	否定/百分比	反预期/百分比	赞同/百分比	宣布/百分比	认可/百分比
英语文化教材	561/100	354/63.1	80/14.2	130/23.1	5/0.9	43/7.7	65/11.6	19/3.4	10/1.8	2/0.4
合计			215/38.2			139/24.9				
汉语文化教材	378/100	178/47.1	12/3.1	86/22.8	0/0	36/9.6	24/6.3	10/2.7	9/2.3	1/0.3
合计			98/25.9			80/21.2				

由表1.1可以看出，英语文化教材中涉及态度介入的句子数占总数的63.1%，汉语文化教材中态度介入的句子数也占47.1%。可见，富含介入策略的措辞是英汉文化教材的话语特征之一，这在英语文化教材中尤为显著。在向学习者介绍社会文化时，文化教材的编写者常常运用态度介入策略，具体包括援引权威观点、驳斥对立看法、直接表明作者立场、隐晦暗示态度倾向、强调语篇命题的正确性、从正反两面对比论述等。

1.3.2 对话性扩展策略比较

根据表1.1的统计可知，英语文化教材扩展对话空间的句子占总数的38.2%,在介入策略中占60.7%(215/354);汉语文化教材含有对话性扩展策略的句子占句子总数的25.9%,在介入策略中占55.1%(98/178)。换言之,在英汉文化教材中扩展对话空间的语言资源均比压缩对话空间的语言资源使用率高,英语文化教材略为明显。就扩展对话空间的具体方式看,英汉文化教材的主要区别在于包容策略的使用,英语文化教材使用包容的句子数占14.2%,而汉语文化教材使用包容的句子数仅占3.1%。包容策略如"This <u>may</u> still be true.""It <u>seems to be</u> the case that in many families this is now limited to Sunday lunch or supper.""<u>Perhaps</u> the greatest change that has come to British sport in the last two decades has been commercialism."表面上看似乎增加了命题的不确定性,但实际上却暗示了文本中的定位只是多种可能的定位之一,可协商的对话空间增加了。文化教材中包容策略的运用可使语篇的表述避免过于绝对,在某种程度上给予了读者思考和判断的空间。

下面考察扩展对话空间的另一策略——归属。根据对所引述内容的态度倾向不同,归属分为承认和疏远两类。疏远在汉语文化教材中很少使用,在英语文化教材中也仅为5例(占句子总数0.9%),如:"About two-thirds of adults <u>claim</u> to take part in some kind of activity…""One of the great <u>ironies</u> about Britain is that…"如上文所述,疏远策略表明作者不同意所引述的观点,可增强语篇的批判性。

承认包括明确和非明确两种实现方式。教材中明确承认的例句有:

(8) Those who find themselves short of cash open their houses (the "stately homes of England", <u>as they were famously described</u>

by Noel Coward) to the public and charge a fee for entry, ...

(see *Britain-Culture Smart*, P.144)

（9）根据2010年9月中国政府公布的《留学中国计划》，到2020年，中国将成为亚洲最大的留学目的地国家，……

（见《中·2011》，P.66）

非明确承认的例句包括：

(10) Cricket, for example, has always been primarily an English sport rather than a British one, ...hence the famous put-down of ungentlemanly behavior: "It's just not cricket."

(see *Contemporary Britain*, P.199)

（11）据统计，城乡居民家庭每百户电视机拥有量超过100%，已经高于世界平均水平。

[见《中国概况》2009年版（以下简称《中·2009》），P.148]

我们对英汉文化教材中明确承认和非明确承认的使用情况进行了比较（见表1.2）。

表1.2 英汉文化教材承认策略对比

教材类型	含有承认的句子数/%	明确承认句子数/%	非明确承认句子数/%
英语文化教材	130 /100	44 /33.8	86 / 66.2
汉语文化教材	86 /100	13 /15.1	73 /84.9

由表1.2可知，汉语文化教材中明确承认所占比例比较低（占15.1%），英语文化教材中虽然非明确承认仍占优势，但明确/非明确的比率较为平衡（分别占33.8%和66.2%）。明确承认提供了所引述观点的确切来源，使命题得到可查证依据的支持，可增强论述的信服力。

1.3.3 对话性压缩策略比较

如表 1.1 所示，在英汉文化教材中对话性压缩策略的使用率均低于对话性扩展策略。换言之，英汉文化教材在态度介入方面的主要话语特征为扩展对话空间，文化教材更多地以增加语篇协商空间（即包容）和引述语篇外的观点（即归属）的方式来增强对话和多声。

虽然对话性压缩并非英汉文化教材实现态度介入的最主要策略，但是在教材话语中仍具有其存在的必要性。就压缩对话空间的具体手段而言，英汉文化教材的主要区别在于反预期的使用情况不同。汉语文化教材中反预期策略的使用率为 6.3%，英语文化教材中反预期策略的使用率则较高，为 11.6%。反预期策略首先提出与话语中的命题相关但立场不同的前命题，再通过让步词引出真正的命题意图。前后命题表述的是关于某个问题或事态的两个方面，两个命题之间存在协商和对话。

1.4 结语

有学者指出，"借鉴其他国家和民族文化走出去的策略"研究分为两个层次，"第一个层次是知己，第二个层次是知彼"（崔希亮，2012：27）。本文尝试在这两个层面进行探索。比较英汉文化教材的态度介入策略，研究表明：

第一，富含介入策略的措辞是文化教材的话语特征之一。文化教材中对话性扩展策略的使用率高于对话性压缩策略，英汉文化教材均更多地以增加语篇协商空间和引述语篇外观点的方式来增强对话和多声。英语文化教材更为明显。

第二，就扩展对话空间的具体方式而言，英语文化教材中包容策略和明确承认策略的使用率较汉语文化教材高。包容策略可增强协商和对话，有助于给予读者思考和判断的空间。明确承认使命题有据可依，有助于增强语篇论述的理据和信服力。

第三，就压缩对话空间的具体手段看，英语文化教材中反预期策略的使用率较汉语文化教材高。反预期策略将相关而不相同的两个命题相联系，使论述更为全面客观。

本文从话语态度介入策略的角度比较了英汉文化教材话语方式的异同，全面考察中外教学话语方式和话语体系的异同需要从不同角度、采用多种方法进行分析。期待今后有更多研究采用不同视角、在多种教学语境中进行更为深入的探讨。

本文研究的语料来自以下英汉文化教材：

Datesman, M. K., Crandall, J. & Kearny, E. N. *American Ways: An Introduction to American Culture* (Third Edition). New York: Pearson Education, 2005.

McCormick, J. *Contemporary Britain* (Second Edition). Hampshire: Palgrave Macmillan, 2007.

Norbury, P. *Britain-Culture Smart: A Quick Guide to Customs & Etiquette.* London: Kuperard, 2006.

Tiersky, E. & Tiersky, M. *The U.S.A.: Customs and Institutions* (Fourth Edition). New York: Pearson Education, 2001.

郭鹏，程龙，姜西良. 中国概况. 北京：高等教育出版社，2011.

王顺洪. 中国概况. 北京：北京大学出版社，2003.

肖立. 中国概况教程. 北京：北京大学出版社，2009.

2. 对外汉语文化教材话语态度分析[①]

2.1 引言：汉语文化教材的情感态度研究

在五十余年的对外汉语教学研究中，教材研究起步较晚，但自20世纪90年代后对外汉语教材研究在数量上增长迅速，成为当前的研究热点之一（孙德金，2009：50）。现有的对外汉语教材较注重语言知识的传授和语言技能的训练，对学习者的情感态度和文化意识往往缺乏必要的关注。有学者指出，这方面的研究"我们知之不多，教材也体现甚少，以致时加忽略"，而由此引起的后果"往往影响着学习者对学习的积极性，也阻碍教材的推广"（赵金铭，2004：112）。

在各类对外汉语教材中，文化教材与情感态度的表达关系密切。本文所研究的文化教材是指汉语国际教育中的文化辅助教材，具体来说，是"以辅助汉语教学为目标、以介绍中国文化为主要内容的教材"（周小兵等，2010）。有学者曾指出，在中华文化教学中存在两种不可取的倾向：一是急于弘扬中华文化，容易过犹不及；二是丧失爱国立场，不符合客观事实（胡明扬，2004：107）。近年来不少学者对汉语文化教材进行

---

① 此文原刊于《语言教学与研究》2010年第6期，作者为陈瑜敏。

了考察，涉及文化教学等级大纲的制定（张英，2004）、文化教材的编写思路（赵宏勃，2005）、文化教材的内容设计（娄毅，2006）等多方面。就研究成果看，宏观的讨论居多，微观的语言分析较少。如何有策略地使用各类语言资源从而使态度表达更为公允，是教材编写过程中日益受到关注的问题。为解决这一问题，我们有必要对文化教材中体现态度意义的语言资源进行合理分类，并系统地把握其实现方式的具体特征。本文运用话语分析的方法，对汉语文化教材的语言特征做系统、微观的分析，并比较叙述体与对话体中态度资源在类型和实现方式等方面的特征。

2.2　话语人际意义与态度系统

本研究的理论依据是功能语言学人际意义理论中的态度系统（ATTITUDE）。态度系统是更大的评价系统（APPRAISAL）中的一个子范畴，与介入系统及分级系统共同构成评价系统（Martin，2000；Martin & White，2005）。态度系统从功能—语义的角度考察话语中表现情感反应、价值判断和美学鉴赏的意义资源，因此可以次分为情感、评判和鉴赏三个次系统（Martin & White，2005：38）。这三个子范畴分别关注话语中表达个人情感的释放（例如"喜爱""讨厌""感兴趣""害怕"）、对品格行为和社会现象的评判（例如"干得不错""问得好""同心同德"）、以及对事物性质、功能的评价和美学鉴赏（例如"热闹的场面""丰富的晚餐""最有气氛的节日"）。可以说，情感、评判和鉴赏分别属于心理感受、伦理道德和美学评价的范畴。根据具体分析的需要，这三个次系统下面还可以细分出多个子系统，以提高系统分析的精密度。

除了能把握态度意义的类型外，态度系统还有利于分析者系统地考察具体实现各类态度意义的语言资源。态度意义可以通过富有感情色彩的形容词（如"重要"）、固定词组（如"瑞雪""欢聚一堂"）、独语句（如"多热闹啊！"）等词汇语法手段直接、明确地"嵌入"话语之中，其中形容词和表示心理活动的动词等还可以被程度副词修饰（如"最重要""非常害怕"）。除了明确的表达方式以外，态度意义还可以通过间接、隐含的方式来实现。比如，"这（除夕团圆）是中国从古至今的年俗"乍一看似乎没有表达情感态度的语言资源，但"从古至今"从时间跨度的角度修饰"年俗"，表明除夕夜家家团圆这一习俗由来已久、早已深入人心。我们在分析中，把这类表达方式视为间接实现态度意义的语言资源。本身带有明确态度意义的词汇语法实现方式统称"内嵌式"（inscription），而本身虽不带态度意义但通过措词的选择间接暗示读者应采取的态度立场的实现方式统称"激发式"（invocation）（Martin & White, 2005: 61-68）。在考察态度意义的间接实现方式时，本文将重点关注"量化"（quantification）这一间接实现态度意义的手段（Hood & Martin, 2007: 749-750）。

2.3 汉语文化教材态度资源对比分析

为保证语料的可比性与研究的效度，我们对所考察教材的教学对象和课文的主题内容的选择做了以下限定：均面向非零起点汉语学习者的教材；课文内容为春节民俗文化、饮食文化和戏曲文化三类话题；在课文形式方面，每个话题选取叙述体和对话体各 4 篇，共计 12 个语篇，涉及对外汉语文化教材 6 部，均为纸质书面语篇。用功能语言学的术语说，交际的语旨（tenor）、语场（field）和语式（mode）三个情景语境因素（Halliday 1978；Martin 1992）都得到了界定。

2.3.1 叙述体课文和对话体课文中态度类型的总体特征

在文化教材中，课文形式（如叙述体或对话体）与文化教材适用程度的关系受到研究者的关注。周小兵等（2010）指出，课文形式对文化教材的读者对象设定、内容选择、语言难度等指标有较大影响。本研究将通过系统描述和分析，考察叙述体课文与对话体课文中态度意义的类型、程度高低以及具体实现方式等方面的异同。

我们分析了 6 部文化教材中关于春节、饮食和戏曲的 12 个语篇，叙述体与对话体中态度资源的分布情况如表 2.1 所示。

表 2.1 叙述体课文与对话体课文态度类型、倾向及程度对比

课文形式	句子总数	含有态度意义的句子数/百分比	态度倾向	态度意义类型			程度高低	
				情感句子数/百分比	评判句子数/百分比	鉴赏句子数/百分比	程度高句子数/百分比	程度低句子数/百分比
叙述体	140	92/65.7	正面	16/17.5	13/14.1	50/54.3	19/61.3	4/12.9
			负面	5/5.4	2/2.2	6/6.5	7/22.6	1/3.2
			合计	21/22.9	15/16.3	56/60.8	26/83.9	5/16.1

(续表2.1)

课文形式	句子总数	含有态度意义的句数/百分比	态度倾向	态度意义类型			程度高低	
				情感句子数/百分比	评判句子数/百分比	鉴赏句子数/百分比	程度高句子数/百分比	程度低句子数/百分比
对话体	257	118/45.9	正面	18/15.3	12/10.3	70/59.3	53/81.5	3/4.6
			负面	2/1.6	5/4.2	11/9.3	6/9.3	3/4.6
			合计	20/16.9	17/14.5	81/68.6	59/90.8	6/9.2

由表2.1可以看出，含有态度意义的语言资源在叙述体课文中出现的频率高达65.7%，在对话体课文中也有45.9%的句子涉及情感表达和态度取向。可见，富含情感态度的措辞是汉语文化教材的话语特征之一。在向汉语学习者介绍中国文化时，除了直陈文化事实以外，编写者往往加入对某一文化现象的评论，或直接表明作者的立场和态度倾向（叙述体），或通过课文中对话者的态度取向来体现（对话体）。

两种形式的课文相比较而言，叙述体含有的评价性语言比例较对话体高（分别为65.7%和45.9%）。换言之，课文在介绍、描述文化现象时常运用富含评价性的表达；而当课文形式为人物对话时，评价性语言的出现频率有所降低。

我们对文化教材涉及的态度意义做系统分类和统计，发现在情感、评判、鉴赏三类态度意义中，鉴赏类资源占绝大多数，在叙述体和对话体课文中分别占60.8%和68.6%，其中正面的鉴赏意义比例过半（分别占54.3%和59.3%）。这表明，大多数评价的关注点放在被评价的文化现象或事物的属性和功能上，如"最重要的传统节日""花样繁多，味道鲜美""又热闹又好玩儿""跟现代人的思想差得太远了"等，并且基本为正面的评价。而表达评价者自身感受的态度资源，如"酒足饭饱""很喜欢看""想学""忍无可忍"等，则出现频率不高，只占22.9%和16.9%。关注人的品格和社会行为的评判类态度资源，如"严师出高徒""问得好！""一流的艺术家"等，则是三类态度资源中比例最小的，只有16.3%和14.5%。可见，目前文化教材中态度意义的类型主要为对事物和现象的正面鉴赏，对人的情感表达和对品格、行为的评判这两类态度资源尚未得到充分利用，话语的感情色彩基本为正面基调，负面评价的出现频率很低。

再来看文化教材中所体现的态度意义的程度高低，这通常由程度副词来表达。教材话语中表示高程度的副词包括"非常""十分""最""很""多（么）……啊""真""太""真（的）是""特（别）""完全"等。据统计，由高程度副词修饰的态度资源占所有被程度副词修饰的态度资源的绝大多数，在叙述体和对话体中分别占83.9%和90.8%，并且多为正面的情感态度（占61.3%和81.5%）。而被"稍微""（比）较""有点儿""一般""偏向于""好像"等低程度副词修饰的态度资源在两类语体中只占16.1%和9.2%。汉语文化教材话语中正面的态度意义程度较高，这与教材编写的宗旨有关。不少文化教材开篇就表明要"向世界各国的汉语学习者推介和展示灿烂的中国文化"（见《中国文化读本》前言，以下简称《读本》前言），"展示中国传统文化的魅力及对现代社会生活的影响"（见《中国传统文化与现代生活》前言，下文简称《现代》前言）。

2.3.2 态度类型和倾向转换的因素分析

下面对文化教材中引起态度类型和倾向变化的因素做进一步考察。通过分析发现，在叙述体课文中，通过插入与文化内容相关的典故传说或现代故事可增强话语中态度类型的多样化程度。例如，《福"到"了》一文（见《现代》（Ⅱ）第一课《过年》）中话语态度意义的基调是正面的鉴赏，即对春节贴"福"这一习俗的社会文化含义的正面评价（如"美好祝愿""健康平安""行善福至""长寿而善终"等）。而文中插入的关于"姜太公封神"和"恭亲王府福字倒贴"的传说典故，则包含了一些负面的情感表达（如"十分生气""非常害怕"等）。又如，《科班学戏》一文［见《汉语文化双向教程》，（下文简称《双向》）第十课］中，插入了《霸王别姬》中曾是科班弟子的段老板和程老板与科班师傅之间的两段故事，整个语篇中鉴赏类的态度资源比例较少，而评判类和情感类的态度资源则相对有所增加。可见，在叙述文的概括描述中加入具体的传统或现代的故事，可以增加话语态度意义的类型，增强态度倾向的多样化程度。

在对话体课文中，态度类型或倾向的变换通常由话轮转换（turn-taking）来实现。具体来说，有三种话轮转换的方式可实现态度类型或倾向的变换。首先，围绕同一话题的毗邻应对（Adjacency Pair）可表达对同一事物的正反两种态度，如：

（1）……

马　　克：放鞭炮和烟花多热闹啊！

刘老师：可是很多人说不安全。

……

2. 对外汉语文化教材话语态度分析

[见《体验汉语·文化篇》（下文简称《体验》）第一课《给您拜年!》]

例（1）中的"多热闹啊"与"不安全"都是关于"放鞭炮和烟花"的评价，但感情色彩一正一负，对同一事物的正反两种评价通过话轮中对话者非合意性的应答表述出来。

第二种方式为通过话轮转换引入新话题，从而引发对新话题的评价。例如：

（2）……

玛利亚：在你说的这些菜系中，没有一个北京菜系，那北京烤鸭怎么算呢？

刘文涛：北京烤鸭不属于什么菜系，是一种独立的特色菜。类似的情况还有不少，比如……都别有风味，很受欢迎。

玛利亚：中国好吃的东西太多了。我来中国才一年，可体重增加了十斤，看来不减肥是不行了，已经到了非要控制饮食不可的时候了。

刘文涛：这好像是一种现代文明病吧？原来中国人的饮食结构是以粮食和蔬菜为主……

（见《现代》（I）第一课《民以食为天》）

在（2）中，第一组毗邻应对的话题为"菜系""特色菜"，这一话题在第二组毗邻应对中逐渐转为对"减肥""饮食结构"的讨论，情感态度也逐渐从正面的鉴赏（"别有风味，很受欢迎"）转为负面的评判（"非要控制饮食不可""现代文明病"），态度的倾向和类型都发生了变化。

通过分析发现，除了优劣势对比以外，通过话轮转换引发新话题还可引入中外对比（如春节与圣诞节做对比、京剧与西方歌剧做对比）、过去跟现状对比（如过去京剧的繁盛时期与现在年轻人不爱听京剧做对比、过去燃放鞭炮的风俗与现在限制放鞭炮做对比)、不同地区的情况对比（如各个地区的特色菜和口味做对比）。

还有一种情况是，话轮中的合意性应答为带评判性的措辞。比如下面这个例子：

(3) ……

茉　莉：我也喜欢小丑，我还喜欢京剧的舞台。台上除了一张桌子和两把椅子……演员表演得越精彩，观众就越能想象出戏里的情景。

吴老师：你说得不错。看来你对京剧已经入门儿了。

……

（见《双向》第十课对话《老北京讲究听戏》）

与例（1）（2）不同，例（3）中吴老师的合意性应答"你说得不错"是对美国留学生茉莉关于京剧舞台表演描述的肯定的评判。通过话轮的转换，评价的类型由情感（如"喜欢""还喜欢"）和鉴赏（如"精彩"）转变为评判（"你说得不错""已经入门儿了"）。在文化教材中，这类评判性合意应答还常常以表示赞叹的独语句出现，如"问得好！""说得对！"等，做出评判的一方多为中国学生或对外汉语教师，而被评判的一方则多为外国留学生。

由上面的分析可以看出，在叙述体中，态度类型和倾向的多样化来自所插入故事的情节，所表达的多样化的态度意义多半为故事人物的喜怒哀乐，往往并非对所介绍的文化现象的评价。而在对话体中，态度类型和倾向的多样化则由对话者双方的话轮转换引起，或表达对同一事物的正反两种态度，或引入新话题从而引发对新话题的评价，或在应答中带有评判性的措辞。可见,对话体中态度意义的变化往往与所介绍的文化现象以及说话者对该文化现象的认识有关,评价更为切题;同时,中外学生之间、师生之间的对话形式也有利于态度的表述更加公允。

2.3.3 态度意义的显性与隐性实现方式

下面进一步考察汉语文化教材中用以感染、说服学习者接受话语态度取向的词汇语法手段。如前文所述,态度意义的实现方式包括明确的、显性的词汇语法手段,也包括隐含的、间接暗示态度立场的措词选择,在态度系统中分别称为"内嵌式"和"激发式"。文化教材中实现态度意义的各类语言资源按特征归纳如表 2.2 所示。

表 2.2　文化教材话语态度意义的显性与隐性实现方式及示例

	实现方式	例　子
显性内嵌式	程度副词 + 表性质形容词	最重要、很盛行、非常热闹、十分和谐、比较清谈
	表心理活动的动词	喜欢、爱、希望、重视、感动、尊敬、害怕、生气
	表主观愿望的助动词	愿意、要、想（学/看/知道……）
	"有" + 抽象名词,构成形容词性词组	很有意思、富有韵味、最有气氛、富有变化、很有特点、极有艺术特色
	主谓词组	韵味很浓、花样繁多、味道鲜美、剧目繁多
	补充词组	热闹多了、打扫得干干净净、吃腻了
	固定词组	名不虚传、百吃不厌、省时省力、山珍海味、抑扬顿挫、瑞雪、戏迷、票友、忍无可忍

(续表2.2)

	实现方式	例子
显性内嵌式	独语句	多（美/热闹……）啊！问得好！说得对！
	比喻修辞	（京剧舞台）像百花盛开的花坛、（中国烹调）真可以说是一门艺术
隐性激发式	从时间跨度的角度描述事物	这（除夕团圆）是中国从古至今的年俗
	从时间跨度的角度描述事件	每年春节都要贴春联
	从空间跨度的角度描述事物	京剧在国内外都享有很高的声誉
	从空间跨度的角度描述事件	全世界的华侨华人在这一天也会欢庆新的一年的来临

如表2.2所示，态度意义的显性内嵌式之一是表示性质的形容词，例如，用以评价春节的地位和气氛的"重要""热闹"，以及用以描述京剧表演艺术的"和谐"等，这些形容词往往还受程度副词修饰，包括高程度副词"非常""十分""最""很""完全"，以及低程度副词"比较""有点儿"等。一些表示个人心理活动的动词和表示主观愿望的助动词也可体现明确的态度意义，比如，马克"很喜欢"看中国功夫表演、人们"非常重视"春节、玛丽"想学"唱京剧等。

动词"有"后面可跟某些抽象名词，构成形容词性词组，表示在某方面比较多，这类"有+抽象名词"结构前面往往还受程度副词修饰（李德津、程美珍，2008：34），这样的例子有：京剧是"极有艺术特色"的剧种、戏里演的故事"很有意思"、中国的饮食文化"很有特点"、到处都放鞭炮"最有气氛"等。态度意义还可以由一些词组来体现，包括主谓词组（如"味道鲜美""剧目繁多"）、动补/形补词组（如"打扫得干干净净""热闹多了""差得太远了"）等。一些富有评价意义的成语等固定词组在文化教材中也得到较广泛的应用，例如玛利亚尝过东坡肉后，认为其"名不虚传"；新兴的拜年方式如打电话、发短信拜年"省事省力"；爱看爱唱京剧的孙老师称自己为"戏迷""票友"；等等。

上文 2.3.2 提到，表示赞叹的独语句也表达态度意义，除了评判性合意应答如"问得好！""说得对！"以外，含有程度高副词做状语的感叹句也常常表达赞叹的态度意义，最常见的有"多（美/热闹……）啊！"。此外，教材课文中也运用了一些比喻修辞来增强话语的态度意义，明喻的例子有京剧舞台"像百花盛开的花坛"，暗喻的例子如中国烹调"真可以说是一门艺术"等。

除了运用词汇语法手段将态度意义直接、明确地"嵌入"话语之中外，对外汉语文化教材课文中还包括一些隐含的、间接暗示话语态度立场的措词选择。本文主要探讨教材话语中的量化（quantification）这一间接实现态度意义的语义资源。Hood & Martin（2007：747–755）提出，对事物或动作的某些量化描述暗含着作者的评价，从而暗示话语的态度和立场倾向。他们从时间跨度（scope of time）和空间跨度（scope of space）两个维度考察了英语学术语篇中对动作过程（process）的评价性量化描述，从数量（amount）一个维度分析了对事物（entity）的评价性量化描述。

我们在分析汉语文化教材时发现，从时间跨度和空间跨度来修饰、描述事物和事件，在某些语境中能起到加强评价意义的作用。譬如，"这（除夕团圆）是中国从古至今的年俗"用"从古至今"这一时间跨度来描述"年俗"，暗含着除夕团圆夜在中国人生活中的重要性，为下文的"可见团圆对于中国人是多么重要"［见《现代》（Ⅱ）第一课《过年》］提供了依据，隐性与显性的评价相得益彰。课文中这样的例子还有"由于川菜的调味富有变化，菜式繁多，可以做到一年三百六十五天，天天不重复，一日三餐，餐餐花样翻新"等。从时间跨度的角度来描述事件的例子有"每年春节都要贴春联"，从时间跨度"每年春节"来形容"贴春联"，强调了这一习俗在春节中的重要地位。从空间跨度的角度来描述事物和事件的例子见表2.2中的列举，在此不一一赘述。

由此可见，量化这一间接实现态度意义的语义资源可以从时间跨度、空间跨度、事物、事件这四个维度来考察。间接实现的态度意义往往跟上下文语境中显性评价的态度意义一致，并相互加强：直接的内嵌式奠定了话语的情感态度基调，而间接的激发式有利于融进客观事实，使评价有据可依。

2.4 结语

通过对6部对外汉语文化教材中实现态度意义的语言资源进行多维度的对比分析，从中发现以下几点特征：

第一，富含情感态度的语言是对外汉语文化教材的话语特征之一，叙述体课文中评价性语言的出现频率较对话体高。文化教材中的主要态度类型为对事物和现象的正面鉴赏，而且程度通常较高。个人情感表达以及对品格和行为的评判所占比例相对较低，负面评价的出现频率很低。

第二，叙述体中态度类型和倾向的多样化往往源于文中插入的典故，而对话体则多由话轮转换引起态度类型和倾向的变换，因此评价适切性更高。

第三，除了直接、明确表示评价的词汇语法手段以外，文化教材中态度意义的实现方式还包括量化这一间接激发评价的语义资源，显性与隐性的态度资源相辅相成，可使话语评价的理据更充分。

在探讨态度意义的间接实现方式时，根据所分析的汉语教材的实际情况，本文尝试对"量化"这一语义资源的分析维度作了调整。可以预见，态度意义还有其他间接实现方式，这里提到的量化只是其中一种。更系统地梳理汉语中态度意义的各类实现方式，需要加以语料库的视角，有机会将另文探讨。

本文研究的语料来自以下六部对外汉语文化教材：

韩鉴堂. 中国文化. 北京：北京语言大学出版社，1999.

梅立崇，魏怀鸾，杨俊萱. 中国文化面面观. 北京：华语教学出版社，1993.

杨瑞，李泉. 汉语文化双向教程. 北京：北京语言大学出版社，1999.

曾晓渝. 体验汉语·文化篇. 北京：高等教育出版社，2006.

张英，金舒年. 中国传统文化与现代生活（留学生中级文化读本）：1，2. 北京：北京大学出版社，2003.

中国教育部课程教材研究所对外汉语课程教材研究开发中心. 中华文化读本. 北京：人民教育出版社，2007.

3. 话语多声互动的多模态构建方式解析①
—— 以语言教材话语为例

3.1 引言

在近年来兴起的多模态话语研究中，语言不再被视为孤立的研究对象，而是更多地与参加意义构建的其他符号模态相联系从而被分析和解释。本研究所依据的社会符号学（Halliday, 1978; Hodge & Kress, 1988; van Leeuwen, 2005）将多模态现象解读为可供选择的意义系统，与主流符号学（Barthes, 1967; de Saussure, 1983 [1916]; Eco, 1984; Mukarovsky, 1978）相比，社会符号学更重视符号系统的功能与社会属性，通过考察各种符号模态的配置和模态间的关系，探讨话语的社会意义和社会关系的构建方式。

本文以话语的多声性质为切入点，考察多声互动类型和程度的多模态构建方式。在现有关于话语多声的研究中，对交际中的多模态特征似乎缺乏必要的关注。而对多声话语的多模态特征作语言学和符号学的解读，或许能为基于语言学范畴的人际意义研究模式如何在多模态话语研究中发展和应用带来

---

① 此文原刊于《外语电化教学》2009年第6期，作者为陈瑜敏、黄国文。

启示。

3.2　话语多声与介入、分级系统理论溯源

关于话语多声的研究起源于 Bakhtin 的对话（dialogism）和多声（heteroglossia）理论，即任一话语都"充满着对其他话语的回应……或反驳或证实或补充"，因此必须在"由关于同一主题的其他具体话语所形成的背景当中"来理解话语的意义（Bakhtin，1981［1935］：91，281）。本文关注实现话语中多声互动的各种语言学、符号学资源。在词汇语法层面，功能话语分析者考察了语言系统中的投射（包括言语过程和心理过程如 I *think* …，He *doubts* …，名物化的表达如 *assertion*，*belief*）、情态（如 *probably*，*possibly*）和转折（如 *although*）等词汇语法资源（Halliday，1994：248 - 269；Martin & Rose，2007：53 - 59）。在话语语义层面的多声研究，主要集中在两个方面：①与某一语域相联系的评价资源的集合；②从介入（engagement）的角度分析话语中各种声音的来源以及多声互动的方式。前一种视角关注特定语域中实现评价意义的语言资源，这方面研究成果颇丰，涉及新闻媒体话语（Iedema *et al.* 1994）、历史话语（Coffin，2000）和学术话语（Hood，2004）等。从这一视角考察的"声音"实际上是语言评价资源的抽象集合或特征群，而不是指表达特定命题的具体声音来源。因此，有学者建议使用"声音职能"（voice role）（Hood，2004：176）或"基调"（key）（Martin & White，2005：164）等术语来代替"声音"（voice），以免与从介入角度出发的多声互动研究相混淆。

上述第二种视角是从分析声音来源（source of voice）、介入资源来研究话语的多声互动，这一视角较贴近 Bakhtin 关于多声论述的原意。Martin & White 提出介入系统以细致系统地分析将作者声音与当前交际语境中其他声音和立场联系起来的所有语言资源。首先，根据语义资源在功能上是积极地扩展多声互动的空间，还是挑战、限制其他声音和立场，可以归纳为"对话的扩展"和"对话的压缩"两大范畴。其中，对话的扩展包括"引发"和"摘引"两种方式，它们将命题表现为一系列（话语内或话语外的）可能性中的一个从而引起对话，例如 It seems to me that…表达引发意义，而 As the report states,…则属于摘引；对话的压缩包括"否定"和"声明"，它们或反对其他声音，或将命题表现为不可推翻的陈述，从而压制、排除其他声音，例如 You don't need to…否定、排除某一提议，而 I contend that…则通过声明排除了其他可能性。这四类介入意义还可以根据分析的需要进一步细化，譬如"否认"可分为"否定"和"对立"两个子范畴，"声明"包括"一致""宣称"和"认可"等等。

本文除了关注话语多声互动的类型外，还探讨多声互动的程度。介入资源具有可分级（gradable）的特点，话语中共存的各种声音对特定命题或价值判断的介入程度有高低之分，在语义层面可以由分级系统（graduation system）来统摄。Martin & White（2005: 135 – 136）提出可以沿两条主线来把握可分级性：强度和典型程度。前者如 Possibly/ probably/ definitely it will rain tomorrow，可能性由低到高逐步增强；后者如 She is a true friend 与 She is a friend, sort of，所叙述命题 She is a friend 的典型程度一强一弱。

在此基础上 Hood & Martin（2007：746－755）对具有分级意义的词汇语法资源进行梳理和归类，进一步提高了分级系统的精密度。他们认为强度包括性质的程度（如 the *most* important findings）、事物的量度（如 It has received *considerable* attention）和过程的增量（如 to illustrate *convincingly*），并区分了典型程度中的真实度（如 a *real* killer）、细致度（如 *general* interest）和完成度（如 *try to* achieve）。但 Hood & Martin 主要分析了分级资源在激发（invoke）态度意义方面的作用，基本没有涉及介入意义的分级情况这一重要的人际语义系统。

上述从语言的功能维度对话语多声性质的探讨主要关注语言本身，而人类交际活动是包含多种符号模态的社会过程，比如图文并茂的读物（包含语言和图像两种符号系统）和手舞足蹈的叙述（包含语言、声音和动作符号）等话语都属于包含两种或以上符号系统的多模态现象。多模态话语中的各种模态是制造意义的符号资源，模态间的互动具有意义潜势。传统单纯关注语言多声资源的做法往往忽略了参与意义构建的其他符号模态，因此容易造成分析的局限和片面。另外，从理论研究看，多模态话语分析既能推动符号学研究，同时也能加深对语言的认识（胡壮麟，2007）。下文将以图文并茂的语言教材话语为例，探讨如何系统把握、详尽分析交际语境中各种符号资源的规律性特征，从而对话语中的多声互动方式做出有效解读。

3.3 多模态交际中的介入、分级资源剖析

本研究以社会符号学为理论基础，多模态话语的社会符号

学研究吸收了系统功能语言学的理论原则，譬如从功能—意义的角度构建分析框架、密切联系语境因素解读多模态话语的意义、采用类型学和拓扑学相结合的方法等。因此该多模态话语分析方法通常被称为"系统功能多模态话语分析"（O'Halloran，2008）或"系统功能符号学"（Martin，2008）。

Kress & van Leeuwen（2001：1-2）指出，"类似的意义在特定的社会文化语境下通常可以由不同的符号模态来表达……共通的符号原则在模态内部和多种模态之间起作用"。遵循这一多模态观，我们将上文论述的介入系统和分级系统扩展到包含语言和视觉符号资源的多模态话语，并以语言教材为例具体说明。

3.3.1 五类多模态介入资源辨析

前期对多模态教材话语多声性质的研究表明，教材中存在编写者、读者与故事角色三种声音，表达介入意义的符号资源具有协调话语多声空间的功能（陈瑜敏、秦小怡，2007）。在以往研究的基础上，本文进一步探讨多模态资源所表达介入意义的类型和程度之分，及其对教材编写和使用的启示。

第一类介入资源为单词标签（labelling）。这类图像通常描绘了一个小故事，为教学内容提供语境。图像所描绘的某些物体上往往附有单词标签，使图像成为教学内容的有机组成部分。以人民教育出版社2002年至2006年出版的全套17册中小学外语教科书为例说明。图3.1（2003：31）描绘了故事角色Amy和妈妈焦急寻找白袜子的情景，单词标签"jeans""pants""shoes"等分别置于Amy翻找出的牛仔裤、衬裤、鞋子等衣物上，表明编写者声音介入交际语境。以"shoes"为例，编写者将运动鞋标为"shoes"，实际上排除了"sneakers""sports shoes"等其他可能的选项，语义上表达"*I contend that they are called shoes*"这一意义，属于介入意义中的"声明"。

3.1　图像中的单词标签

3.2　表达引发意义的高亮部分

第二类介入资源是文本中的高亮部分（highlighting），它除了具有强调功能以外，在教材话语中还表明高亮部分只是其中一种可能性。以图3.2（2003：16）为例，其主体部分描绘了一位小朋友向警察问路的情形。"Excuse me. Where is the *library*?""It's near the post-office."其中的"library"被高亮为蓝色，表明这只是其中一种可能，读者还可以从下方的五个小图（即"post office""hospital""cinema""bookstore"和"science museum"）中做出其他选择，进行替换练习。由于图像本身已经决定了选择的可能性（即五个小图），而且这些选择都来自话语内部，因此表达"引发"意义。

教材话语里的第三类多模态介入资源包括广为应用的对话泡（dialogue balloon）。对话泡里的言语内容通过图像中的角色作为中介来协调，这是"投射言语"在图像中的体现（Kress & van Leeuwen，2006：68）。它具有引入角色声音的作用，属于介入中的"摘引"范畴。按照功能的不同，可以将对话泡分为三类：Type①角色声音支持编写者声音；Type②角色声音解释游戏规则；Type③角色声音指示读者完成练习。下文第三部分将举例分析三类对话泡的分级意义。

第四类介入资源为"共建话语"（jointly-constructed discourse），即教科书中的大量未完成的、留空待读者补充完整的话语，这是读者声音介入的重要资源。共建话语需要读者的参与才完整，换言之，练习的答案来自话语外部读者的声音，因此表达"摘引"意义。共建话语形式多样，而图文搭配的多模态交际手段进一步丰富了读者参与话语构建的方式，下文将从话语本身的完整性来讨论介入意义的分级程度。

第五类介入资源为支持、阐释文本的插图（illustration）

3. 话语多声互动的多模态构建方式解析

(Barthes，1977［1964］：32－51），所表达的介入意义主要有两类：①插图对文本内容作正面阐释，甚至作为文本之间联系的意义纽带（如图 3.3 a 所示，2003：12），这类插图属于"摘引"中的"承认"范畴，下文将联系分级意义进一步详述；②插图对文本内容做反面阐释，如图 3.3 b（2003：13）图文并茂地告诫读者要遵守校园纪律，文本部分为"Don't drink or eat in the computer room.""Don't push in the hallway."等五个祈使句，与五个文本相对应的五幅插图则描绘了这五种违纪行为（电脑室里吃零食、楼道上互相推挤等），这里编写者声音反对插图里角色的声音，表达"否认"意义。

3.3a　插图对文本内容作正面阐释，并作为联系文本的意义纽带

3.3b 插图对文本内容做反面阐释

下文将分析介入意义的程度之分,即各类介入资源的子范畴在扩展多声空间、引入读者或故事角色声音的差别。考察重点为上文所辨析的对话泡、共建话语和插图。

3.3.2 多模态介入资源的分级意义

上文提到,三类对话泡各自具有不同的功能。第一类为角色声音支持编写者声音,以图 3.4a(2003:24)为例,其文本部分阐述的是南北半球春夏秋冬的月份恰好相反,当悉尼还是炎炎夏日,北京已经是寒冬腊月了,因此我们在计划旅行时,要考虑到各地气候、季节的差异。在该文本下方的图像里,一组对话泡记录了澳大利亚学生 John 和中国学生 Chen Jie 就三月份北京和悉尼两地季节差异的对话。

John:"What season is it in March in Beijing?"

Chen Jie:"It's spring. What season is it in Sydney?"

John:"It's fall."

3. 话语多声互动的多模态构建方式解析

We have summer, fall, winter, and spring. But when it's fall in China, it's spring in Australia. When it's winter in Beijing, it's summer in Sydney. In Beijing, it's spring from March to May. Summer is from June to August. Fall is September to November. Winter is December to February the next year. But, in Sydney, it's spring from September to November. Summer is from December to February the next year. Fall is from March to May. Winter is from June to August. If you're planning a trip, look at a map first and remember that it may not be the same season where you're going.

3.4a 角色声音支持编写者声音

3.4b 角色声音解释游戏规则

39

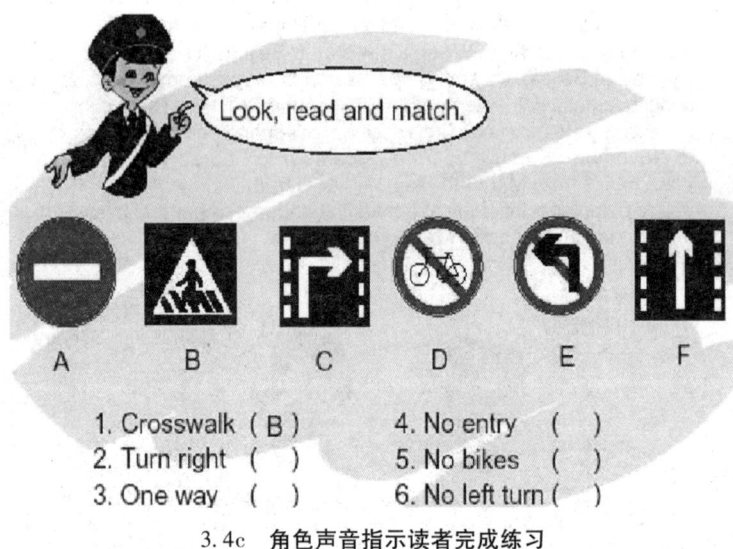

3.4c 角色声音指示读者完成练习

可见，Type①对话泡的内容与文本中的陈述一致，对话泡将文本外角色的声音引入话语中，角色声音承认、支持编写者的声音，从而扩展了多声互动的空间。角色声音的支持，在一定程度上能提高文本陈述的可信度、增强文本的说服力。

在Type①里，编写者声音是明确、显明的（表现为文本阐述）。Type②为角色声音解释游戏规则，如图3.4b（2003：53），该多模态话语中并没有明确表达编写者声音的文本，唯有故事角色Sarah和Wu Yifan解释游戏规则、进行练习示范。角色利用画有食物和饮料的小卡片练习对话，对话泡表示角色声音。Sarah："Can I have a Coke, please?" Wu Yifan: "Here you are." Sarah："Thank you." 在这里编写者声音是隐晦的，练习的解说和游戏的示范都由角色声音来完成，因此与编写者声音显明的Type①相比，Type②中角色的介入程度更高。

3. 话语多声互动的多模态构建方式解析

Type③为角色声音指示读者完成练习,例如图 3.4c (2003:11) 中,角色 Zhang Peng 装扮成警察面带微笑地看着读者,并发出指示"Look, read and match",要求读者将图像里的交通标志与文字意义对应起来。在教材话语中,指示读者完成练习的指令通常由编写者声音负责,但在 Type③中这一任务则完全由角色声音来承担。因此在三类对话泡所表达的摘引意义中,Type③的强度最高,角色介入程度依次为Type① < Type② < Type③。

如前文所述,共建话语是读者声音介入教材话语的重要手段,教材话语中有共建图像和共建文本两种情况。其中共建图像又包括根据文字提示画图(如图 3.5a,根据人脸轮廓和单词提示画出五官,2003:16),以及根据文字提示在完整的图上做填充练习(如图 3.5b,根据录音内容将画面人物与所参与的活动对号入座,2005:59)。而共建文本则包括根据图像和文字/录音提示,补充单词中缺失的字母(如将食物名称补充完整,2003:9)、填单词/词组(如根据体育明星的照片和录音内容填写相关信息,2005:53)、写语段(如根据唐山地震 20 周年纪念邮票和发言稿提纲将发言稿补充完整,2004:25)。

以共建图像为例,从多模态话语作为共建话语的"典型程度"(focus)(Martin & White, 2005:136 - 138; Hood & Martin, 2007:753 - 755)来探讨介入意义的强弱程度,可以发现图 3.5a 比图 3.5b 的读者介入程度高。这是因为前者比后者的完整程度更低,即作为共建话语的典型程度更高,因此允许读者介入的空间更大。换言之,话语的完整程度越低,多声互动的空间就越大,其介入意义也越强。

3.5a 根据文字提示画图

3.5b 在完整的图上做填充练习

再来分析插图所体现的不同程度的介入意义。有一类插图的功能是作为文本之间联系的意义纽带，以图 3.3a 为例，其教学内容为字母"j""k"和单词"jeep""jump""kangaroo""key"，文字旁的插图为两幅卡通漫画：左边的一幅画的是一辆风驰电掣的吉普车（jeep）把一只青蛙吓得跳（jump）开了，所对应的文字是"j""jeep""jump"；右边的插图则画有育儿袋里装着一把特大钥匙（key）的袋鼠（kangaroo），相对应的文字是"k""kangaroo""key"。这样，两个首字母相同但原本在意义上缺乏相关性的生词（即"jeep"和"jump"，"kangaroo"和"key"）就通过趣味插图有机的联系在一起，方便读者将两个首字母相同的单词联系记忆。通过插图的使用和角色声音的参与，话语才成为有机整体，因此与单纯阐释文本内容的插图相比，允许故事角色介入的程度更高。

基于上述研究，下文将结合语言教材编写和使用中的一些实际问题，讨论如何在多模态的教学环境中合理运用各种具有介入分级意义的符号资源。

3.4 多模态介入、分级资源在语言教材中的应用探讨

我们围绕生词难度的控制、文体转换、与读者的互动、以及辅助记忆等四方面讨论。

3.4.1 运用多模态手段控制生词难度

生词的控制和编排一直是教材编写中的突出问题（周小兵、赵新，1999；王飙，2009）。单词标签是控制生词难度的

一种多模态手段。以图3.1为例,如上所述单词标签是编写者"声明"的体现,将运动鞋贴上"shoes"的标签,实际上排除了"sneakers""sports shoes"等难度较大的词汇;又如,编写者将牛仔裤标为"jeans",而衬裤标为"pants",这就要求学习者从概念上掌握"jeans"和"pants"两者的区别。与"shoes"相比,"jeans"和"pants"的难度显然较大,这样就在同一话语中有效地区分了难度不同的生词。

归纳起来,单词标签这一多模态手段的功能包括:有利于控制生词的难度;在一定程度上能代替课文后中外文对照的生词表;有趣的故事情节和生动的漫画有助于语言学习者掌握生词的意义和生词使用的具体语境。

3.4.2 运用多模态手段实现文体转换

以图3.4a、为例,通过使用Type①对话泡,关于北京和悉尼两地季节差异的文本陈述转换为该文本下方两位故事角色就相关主题的对话。从意义上看,角色声音表达的意义与文本中编写者声音表达的意义一致,对话泡中的角色声音支持文本中的编写者声音。从文体上看,角色声音变换了原文中的措辞,由文本中的陈述转变为对话泡里的问答,由叙述体转变为会话体,这有助于读者学习多种不同的句式和文体。

3.4.3 运用多模态手段增强与读者的互动

以图3.4b、3.4c为例,Type②由角色声音解释游戏规则、示范练习过程,目的是鼓励读者模仿书中角色,通过游戏形式进行句型操练。教科书中绝大部分故事角色的视线都不正对读者,表达"提供信息"(Kress & van Leeuwen,2006:117 -

120);而 Type③是角色正视读者的少数图像之一,对话泡里的语言使用祈使语气,表达"要求行动",要求读者做练习或回答问题。

在 Type③中,发出命令指示的角色形象多为读者的同龄人,由角色声音指示读者完成练习,有利于减弱祈使句(如"Look, read and match")的命令语气。角色的装扮也多与练习中的语境相符,比如图 3.4c 中角色 Zhang Peng 扮演为小警察,与学习交通标志这一语境相符,有助于让读者快速进入练习的语境。

3.4.4 运用多模态手段辅助记忆

我们以作为文本之间联系纽带的插图为例说明多模态手段辅助记忆的作用。上文关于图 3.3a 的分析表明,通过使用趣味插图,能将两个首字母相同但字面意义相差甚远的生词有机联系起来,有利于读者联想记忆。在进行生词教学时,对于拼写和读音难度都比较大的生词(如图 3.3a 中的"kangaroo"),如果引入首字母相同但难度较小或学习者已掌握的词汇(如"key")一起进行教学,将有助于学习者掌握高难度生词的读音和拼写。

如果将这一讨论延伸到对外汉语教学中的汉字教学,可以通过合理运用插图,把要学的生字与偏旁部首相同或读音相似的已掌握的汉字相联系,组成情节简单但令人印象深刻的小故事或小场景,以提高记忆的有效性,达到事半功倍的效果。当然,这需要编写者把握图像表达的准确性、规律性和关联性,避免引起误解或影响学习者对汉字的系统学习。

3.5 结语

以上考察表明，话语中构建多声互动的方式是多模态的，语言和图像符号系统的特定模态配置是话语中多声互动的重要手段。多声互动有类型之分，也有程度之分。从社会符号学角度解析话语多声互动的多模态构建方式，可以发现同一种介入意义可以由不同的符号资源来体现，例如引入角色声音的摘引意义可以由对话泡或插图来实现；同一种符号资源在不同的语境下可以体现不同的介入意义，例如插图可以体现对文本陈述的承认或否认；表达同一种介入意义的同种符号资源又可以体现不同强度的赋值语义，例如同样表达摘引意义的对话泡、共建话语和插图内部还可以细分子范畴，而各子范畴分别体现不同程度的介入意义。从分级系统的角度考察各类多模态介入资源的子范畴，我们不难发现话语中介入意义的强弱程度，主要取决于故事角色在指示读者方面所承担的责任、共建话语的典型性、以及插图在联系文本各部分中的作用等因素。

多模态符号资源是语言教材编写者运用话语多声性质联盟读者的重要手段，合理运用多模态介入资源能有效地联盟读者，达到预期的教学目的。加深对语言教材多模态特征的认识，能为解决教材编写和语言教学中的具体问题提供思考的方向。

4. 教科书语篇多模态符号的介入意义与多声互动[①]

4.1 引言

在当前多媒体技术和计算机技术快速发展的影响下，包括语言文字、视听符号、身体语言在内的多模态交际手段正蓬勃兴起并冲击着人们传统的思维方式和欣赏习惯。多模态（multimodal）指除了文本外，还带有图像、图表等的复合话语，或者说由任何一种以上的符号编码实现意义的文本（李战子，2003）。近年来，不少系统功能语言学者以 Halliday（1978，1994）的功能语言学为基础，把对语言社会符号性（Halliday，1978）的研究扩展到图像（O'Toole，1994；Kress & van Leeuwen，1996）、声音（van Leeuwen，1999）、身体动作（Martinec，1998）和空间设计（Martin & Stenglin，2006）等多模态的交际手段。在特定的社会文化领域中，同样的意义通常可以由不同的符号来表达，共通的符号原则能在不同交际模式中起作用（Kress & van Leeuwen，2001：1-2）。本文关注人际意义中的"介入"意义在图文并茂的多模态语篇中的体现形式，

[①] 此文原刊于《外语与外语教学》2007 年第 6 期，作者为陈瑜敏、秦小怡。

及其对语篇中多声互动的影响。

系统功能语言学理论在语言教育领域的应用由来已久，并在许多方面取得令人瞩目的成果（参见张德禄，2005）。这一理论在语篇分析中的应用非常广泛，但对我国当代教育语境下多模态语篇的研究还较少。本文尝试运用该理论的评价系统（Martin, 1997; Martin & White, 2005）中介入子系统的分析框架，选取我国当代英语教科书多模态语篇为语料来探讨语篇联盟读者的手段和多声互动的模式。

4.2 多声研究中的介入系统理论

语篇研究者在分析话语中的声音时往往要追溯到 Bakhtin (1981, 1986) 关于"对话"和"多声"的论述，"所有话语都存在于由关于同一主题的其他具体话语所形成的背景当中，这一背景是由互相矛盾的看法、观点和价值判断构成的……充满着回应和反对意见"（Bakhtin, 1981: 281，转自 Martin & White, 2005: 93）。无论书面语篇还是口头语篇都具有对话性，因为作者/说话者的声音都来自他人的声音，语篇中各种声音之间或肯定或补充或反对，为当下的言语交际构成多声的背景。在系统功能语言学领域，学者们分析了不同语域中语篇的多声性质。例如 Iedema, Feez & White (1994) 考察了媒体语篇的多种声音，区分了硬新闻中"记者的声音"、新闻评论中"通讯员的声音"和社论中"评论员的声音"；Coffin (2000) 的研究则指出，历史语篇中存在"记录者""解释者"和"评判者"三种声音。语篇分析者关心的是实现语篇中多声互动的各种语言学资源，如词汇语法层面的投射、情态和转折（Halliday, 1994; Martin & Rose, 2003）。

Martin（1997：18 – 20；另见 Martin & White, 2005：35）在话语语义层探讨人际意义，提出了描述人际意义的三个语义资源系统：评价（Appraisal）、协商（Negotiation）和卷入（Involvement），评价性资源按照语义又可分为态度（attitude）、介入（engagement）和分级（graduation）。其中的介入子系统正是从对话（dialogic）和多声（heteroglossic）的角度来探讨态度的来源，从而关注围绕语篇中各种观点的声音游戏。根据 Martin & White（2005：94）对介入的定义，它包括"将作者的声音与当前交际语境中所构建的其他声音和立场联系起来的所有语言资源"。通过分析表达介入意义的资源，一方面可以考察作者与在此之前他者的声音、观点和价值取向的关系，另一方面能够预测读者对语篇所提出观点的接受或反对程度。

介入的意义包括否认（disclaim）、声明（proclaim）、引发（entertain）和摘引（attribute）四大类（Martin & White, 2005：97 – 98；胡壮麟等, 2005：327 – 329）。"否认"表明语篇中的声音反对某种相反的声音，或与之不一致，可分为否定（deny）和对立（counter）两种；"声明"是指通过将命题表现为不可推翻的，语篇中的声音压制、排除其他声音，分为同意（concur）、宣称（pronounce）和认可（endorsement）；"引发"指的是语篇中的声音将命题表现为一系列可能声音中的一个，从而引发对话，该命题建立在语篇内部声音主体性的基础之上；"摘引"意为语篇中的声音将命题表现为一系列可能声音中的一个从而引起对话，与"引发"不同的是，这一命题是建立在外部声音主体性的基础之上，"摘引"分为承认（acknowledge）和疏远（distance）。根据多声资源在主体间的功能上是扩展还是压缩，这些介入资源可以归纳到两大子范畴之下："引发"和"摘引"属于"对话的扩展"（dialogic expansion），因为表达这两类介入意义的资源积极地为对话中的其他立场和声音留余地；而"否定"和"声明"则属于"对话的压缩"（dialogic contraction），因为这两类介入资源挑战、抵挡或限制了其他声音或立场。图4.1表明了介入这一语义资源的系统网络以及它在词汇语法层面的体现。

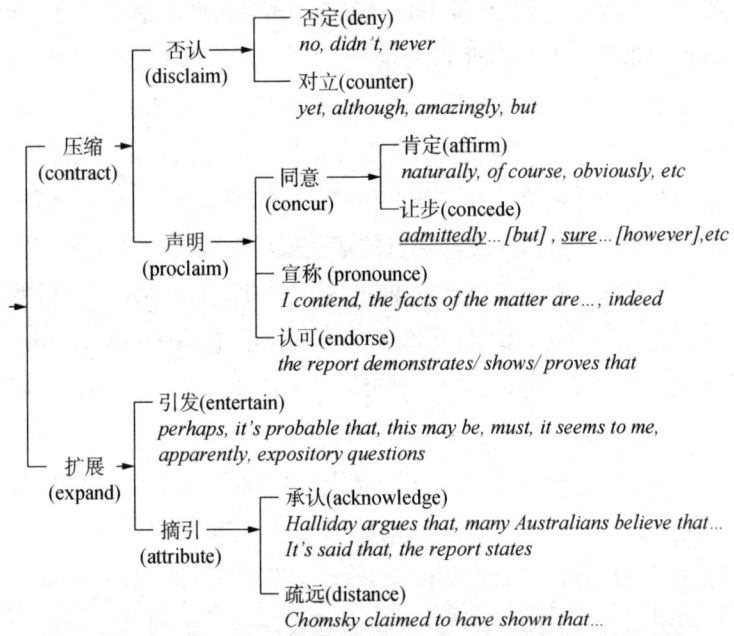

图4.1 介入系统（Martin & White，2005：134）

那么，当交际模式不仅仅是单一的语言符号，而且是图文并茂的多模态语篇时，体现介入这一人际意义的多模态符号资源有哪些？它们之间的相互作用又是如何影响语篇中多种声音的互动呢？这些正是本文尝试探讨的问题。

4.3 教科书语篇的多声系统

我们通过对人民教育出版社新版义务教育课程标准（小学）实验教科书（PEP Primary English, Students' Book）4 个年级 8 本学生用书共 62 个教学单元进行分析，发现该系列多模态教科书语篇里存在三种不同的声音：教科书编写者的声音（Editor Voice）、书中角色的声音（Character Voice）和读者的声音（Reader Voice）。其中编写者的声音都是明确的，体现手段有使用祈使语气的教学小标题（如"Let's learn/read/play/draw"，"Read and write/Match and say/ Write and draw"等）、名词词组教学小标题（如"Story/ Task time"，"Pair/ group work"等），以及在图像中插入表达编写者声音的单词标签。每本教科书的起始页都附有书中角色列表，这些角色是漫画式的中外学生（如 Mike）和老师（如 Miss White）的形象，以及卡通动物角色，对话泡和插图是体现角色声音的重要手段。作为英语学习者的小读者并非总是含蓄的聆听者，读者的声音是多模态共建语篇中不可或缺的一部分。图 4.2 以系统网络的方式概括介绍多模态教科书语篇的多声系统及其体现。

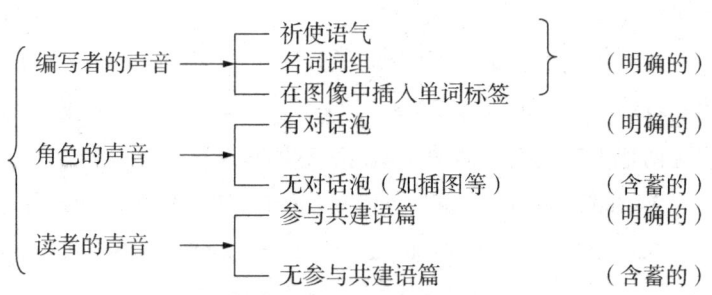

图 4.2　多模态教科书语篇的多声系统

在三种声音的体现形式中，图文并茂的资源包括对话泡、单词标签、共建语篇和插图等，这些多模态符号资源还是参与协调语篇多声空间的重要手段，下面予以具体分析。

4.4 多模态符号资源的介入意义分析

在语料中，具有协调语篇多声空间的功能，同时体现否认、声明、引发和摘引这四种介入意义的多模态符号资源包括对话泡、单词标签、共建语篇、插图和图像中高亮的文字等图文并茂的手段。以下将具体分析这五种多模态符号资源如何表达各种声音，并体现介入这一人际意义。

4.4.1 书中角色的对话泡

对话泡（dialogue balloon）在多模态英语教科书里被大量使用，将对话泡和言语者连接起来的斜线构成一种特殊的矢量，对话泡里的内容不是直接得到再现，而是由图像中的言语者这一中介来传递的。Kress & van Leeuwen（1996：67）将此称为言语过程，这是"投射言语"（Halliday，1994）在图像中的体现。对话泡是表达角色声音的符号资源，下面以具体例子进行说明。

在我们的语料中，五年级下册"Unit 2 My favorite season"中的"Good to know"（2003：24）包括以下这段介绍北京和悉尼两地季节周期差异的文本，表达的是编写者的声音。

We have summer, fall, winter, and spring. But when it's fall in China, it's spring in Australia. When it's winter in Beijing, it's summer in Sydney. In Beijing, it's spring from March to May. Summer is from June to August. Fall is September to November. Winter is December to February the next year. But, in Sydney, it's spring from September to November. Summer is from December to February the next year. Fall is from March to May. Winter is from June to August. If you're planning a trip, look at a map first and remember that it may not be the same season where you're going.

该文本下方的图像则描绘了角色澳大利亚学生 John 和中国学生 Chen Jie 就相关主题的对话,对话泡里的文字表明了角色的声音。

John: What season is it in March in Beijing?

Chen Jie: It's spring. What season is it in Sydney?

John: It's fall.

用语言来表述图像的意义就相当于小句复合体"John asks Chen Jie what season it is in March in Beijing, and <u>she says</u> it is spring. She then asks John what season it is in Sydney, and <u>he says</u> it is fall.",在这里对话泡将文本外角色的声音引入语篇中,对话泡的内容与文本中的陈述"In Beijing, it's spring from March to May…But, in Sydney…Fall is from March to May."一致,角色声音承认、支持编写者的声音,从而扩展了多声互动的空间,这属于"摘引"中的"承认"介入意义。两位角色声音的支持,在一定程度上增加了编写者文本陈述的可信度,有利于联盟读者,增强说服力。

4.4.2 单词标签

下面分析教科书编写者在图像中插入单词标签(label)的情况。这类图像通常描绘了一个小故事或场景,为教学内容提供语境,而编写者不失时机地插入写有单词的标签,使整幅图像成为教学活动的有机组成部分。例如,语料中四年级下册"Unit 3 Is this your skirt"中"Let's learn"(2003:31)的图像描绘了书中角色 Amy 焦急寻找白袜子的情景,房间里的床上、椅子上都是 Amy 翻找出来的衣服。该图像首先包括行动过程(Kress & van Leeuwen,1996),Amy 的两个手臂构成两个矢量,Amy 为行动者,衣物为目标;她的妈妈在一旁着急地看着,她的目光形成矢量,因此该图像也包括反应过程(ibid),妈妈是反应者,房间里的情景为现象;图像里有对话泡,因此还包括言语过程,对话泡里的文字表明了角色的声音。

Amy: Where are my socks?
Mother: What color?
Amy: White.

这时编写者的声音通过写有单词的标签介入进来,将"jeans""pants""shorts""socks""shoes"等标签分别置于 Amy 翻找出的裤子、袜子、鞋子上。以"shoes"为例,编写者将一双运动鞋标签为"shoes",实际上排除了"sneakers""sports shoes"等声音,相当于表达"I contend that they are called shoes."这一小句的意义,体现了"声明"中的"宣称"意义。

4.4.3 读者参与的共建语篇

教科书里有大量未完成的、留空待读者补充完整的语篇,我们称此类需要读者参与的语篇为共建语篇(jointly-constructed text),这是读者声音介入的符号资源。共建语篇的形式多样,而图文搭配的多模态交际手段使读者参与的方式更为丰富,下面举一例说明。

三年级上册"Unit 2 Look at me"中"Let's draw"(2003:16)的图像主体部分是一张未画完的脸谱,属于未完成的分析过程。分析过程是概念再现的一种,图像参与者之间具有总体与部分的关系,该图像中未画完的脸谱是"承载者",待读者画上去的眼睛、耳朵、鼻子、嘴巴是"所拥有的特征"(Kress & van Leeuwen,1996:89)。虽然这些特征在图像中尚未出现,但都分别加上了"eye""ear""nose""mouth"等表达编写者声音的标签,指引读者完成图像。该分析过程图像又是另一个行动过程图像的一部分:图像左上方的铅笔与水平面形成夹角约30度的斜线而成为矢量,该矢量同时也是行动过程的动作者,而尚待画完的脸谱是目标。可以说,图像中的脸谱和铅笔构成了一个行动过程,但该行动过程需要有读者的参与才完整。在整幅图像里读者的声音介入语篇中编写者和角色的声音,表达的是"摘引"意义,因为该多模态练习的答案(即画好的脸谱)来自语篇外部读者的声音,相当于表达了小句"According to the reader, the picture is …",而作为矢量的铅笔是鼓励读者参与构建共建语篇的一种重要手段。

4.4.4 插图

教科书中有这样一类图像,图像旁边的文字少则一个单词或词组,多则一段或几段文字。英语教科书以语言教学为主要目的,因此这类图像属于Barthes(1977:25)提出的三种图文关系中图像支持、阐释文本的"插图"(illustration)。以三年级下册"Unit 3 How many"中的"Let's say"(2003:26)为例,该部分教学内容为字母"j""k"和单词"jeep" "jump""kangaroo""key",两幅插图都采用了卡通漫画的形式:一幅描绘了吉普车吓跑青蛙的情景,另一幅则画了育儿袋里装着一把特大钥匙的袋鼠,这样,两个原本在意义上没有什么联系的单词("jeep"和"jump","kangaroo"和"key")就通过趣味插图有机联系在一起,方便读者将两个首字母相同单词联系记忆。在这里,角色的声音(即"The jeep frightened the frog so it jumped away.""There is a key in the kangaroo's pouch.")介入编写者的声音(即"jeep""jump""kangaroo""key"),属于"摘引"中的"承认"意义。

教科书里的角色大都具有正面教育意义,编写者基本赞同角色的声音,但表达"否认"意义的介入资源也并非没有。例如四年级下册"Unit 1 Our school"中"Good to know"(2003:12)的五幅小插图描绘了校园里五种违纪行为,如电脑室里吃零食、楼道上互相推挤等。插图下方表达编写者声音的文字基本使用否定的祈使语气,如"Don't drink or eat in the computer room.""Don't push in the hallway."等,插图之间还有小狐狸手拿小喇叭举着"NO"的牌子加强"否认"的意义。在这里,编写者的声音反对插图里角色的声音,属于"否认"中的"否定"意义。

4.4.5 图像中高亮的文字

以六年级上册"Unit 2 Where is the science museum"中的"Let's learn"(2004:16)为例,该图的主体部分描绘了一位小朋友向警察问路的情形,对话泡中的文字表达了角色声音。

The little girl:Excuse me. Where is the library?
The policeman:It's near the post-office.

其中的"library"被高亮为蓝色，表明这只是其中一种可能性，还可以从该图下方的五个小图（分别是"post office""hospital""cinema""bookstore"和"science museum"）中做出其他选择，如果用语言来表述这一关系，相当于"It is probable that you want to go to the library."或者"You may want to go to the library."由于图像本身已经决定了存在哪些选择（即五个小图），这些选择都来自语篇内部，因此表达了"引发"的介入意义。

4.5　多模态教科书语篇的多声互动

上文考察了教育语境下多模态语篇的多声系统和图文符号的介入意义，分析表明多模态语篇中的对话泡、单词标签、共建语篇、插图和图像中高亮的文字等多模态符号资源同样能表达从词汇语法层面总结得出的否认、声明、引发和摘引四种介入意义。最后，我们以图4.3来归纳教育语境下多模态语篇中编写者、角色和读者这一多声系统的互动模式，以及对话泡、插图、单词标签和共建语篇等表达介入意义的符号资源在多声互动中的作用。图中的实线箭头表示一种声音介入另一种声音，虚线箭头表示一方对另一方的影响，而箭头上的说明表示介入或影响的实现形式。

图4.3表明，对话泡、插图和单词标签是角色声音和编写者声音介入对方的手段，读者声音通过共建语篇介入编写者声音和角色声音，编写者和角色又分别通过教学小标题、对话泡和插图与读者互动，图文资源共同作用，形成多声而和谐的多模态教科书语篇。

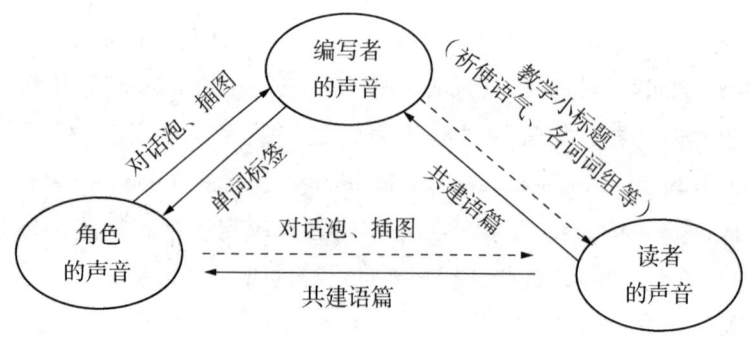

图4.3 多模态教科书语篇的多声互动模式

4.6 结语

本文考察了教育语境下多模态语篇图文符号的介入意义，并讨论了语篇中多声系统的互动模式，得出以下结论：①多模态教科书语篇中表达介入意义的符号资源包括对话泡、单词标签、共建语篇、插图和图像中高亮的文字等，它们同样能表达否认、声明、引发和摘引四种介入意义，例如对话泡和插图的应用使角色声音介入编写者声音，增添教学内容的趣味性，表达"摘引"意义；通过在描绘故事的图像中插入单词标签，编写者声音介入角色声音，表达"声明"意义；图像中高亮的文字表达了"引发"意义，表明语篇中的声音还包含其他选择的可能性；而多模态共建语篇将读者的声音引入语篇之中，表达了"摘引"意义。②教科书语篇的多声系统包括编写者、书中角色和读者的声音，多模态语篇各种图文符号共同作用，成为语篇中多声互动的重要手段。

本文讨论的是评价性资源中用于"联盟读者"（Martin &

Rose，2003：23）的介入子系统，除了从互动方面来考察人际意义以外，还可以从情态的角度研究多模态交际中图像的真实程度和可靠性问题。譬如在面向不同年龄读者的多模态语篇中，图像对"自然主义的编码取向"（naturalistic coding orientation）（Kress & van Leeuwen，1996：170）有着不同程度的偏离，对于这个问题，我们将另文讨论。

5. 情态分析在多模态外语教材研究中的应用探析[①]

5.1 引言

关于"情态"（modality）的研究最初始于语言哲学中关于"绝对的、独立于语境之外的命题真实性"的讨论（van Leeuwen，2005：165）。多年来情态研究一直受到语言学者、逻辑学者、符号学者的关注，各领域学者修正、发展着这一概念，不断为这一历久弥新的研究领域提供新的视角和新的分析方法。

本文在回顾语言学情态研究与社会符号学对情态概念所作延伸的基础上，联系当前教育语境中的多模态特征，考察情态分析在多模态外语教材语篇中的应用，主要探讨不同教育语境中的情态对比，宏观语篇体裁的情态选择差异，以及情态编码取向在教材语篇中的比例等问题。

5.2 语言学情态研究

在语言学领域，情态一直是语法和语义研究的热点问题，

[①] 此文原刊于《外语教学》2010年第1期，作者为陈瑜敏。

研究的关注点包括情态的类型、程度，表达情态的词汇语法资源，情态的评价意义，情态的习得和使用等方面（Allen, 2001；Coates, 1983；Halliday, 1994；Leech, 1971；Lyons, 1995；Palmer, 2001；常晨光, 2008；李基安, 2008；梁茂成, 2008等）。由于研究者的背景和着重点有所差异，对情态的定义、情态究竟属于语法范畴（Palmer, 2001）还是语义范畴（Allen, 2001；Bussmann, 1996；Lyons, 1995）还存在不同的看法。尽管如此，情态能反映说话者对小句所表达命题真实程度的判断，这一点为大多研究者所公认。

关于情态的分类，较具代表性的视角包括语用学中的"认识类（epistemic）情态"与"义务类（deontic）情态"，以及功能语言学中的"情态化（modalization）"与"意态化（modulation）"。认识类情态表达猜测、推断、假设等对命题真实性或事实性的判断，义务类情态则与允许、意愿等对未来事件的态度有关（Lyons, 1995：179, 254, 335；Palmer, 2001：6 - 10, 22）。传统对情态的研究主要集中于情态助动词，如can, must, may, will, should等（Allen, 2001：358 - 367；Leech, 1971：66 - 98；Leech, 1971：66 - 98；Quirk et al., 1985：219 - 221）。

在系统功能语言学中，情态是协商肯定和否定两极之间不同程度意义的语义资源系统（Halliday, 1994：88 - 89, 356 - 357；Martin, 1995：40）。对情态系统的研究包括情态类型（type）、情态取向（orientation）和情态值（value）三方面。情态类型包括情态化与意态化两类，前者指信息交换中的可能性（probability）、经常性（usuality）等情态因素，后者包括涉及货物和劳务交际中的义务（obligation）、意愿（willingness）程度。从显性/隐性、主观/客观两组因素来考察情态取向，可归纳出显性主观、显性客观、隐性主观和隐性客观四类情态取向。这四类情态取向与可能性、经常性、义务、意愿四种情态类型搭配组合成 16 种情态体现方式（Halliday，1994：358）。考察情态的第三个维度是情态值，可分为高、中、低三个级别。情态值越高，所表达的情态意义或意态意义程度就越高。

　　正如 Hodge & Kress（1988：124）指出，Halliday 的情态研究至少有两方面的重要贡献：①他将情态研究从传统的情态助动词扩展到具有类似功能的所有语言资源，包括名词（如 It is *a matter of fact* that…）、动词（如 I *doubt* that…）、形容词（如 It is *foolish* to deny that…）以及 kind of，hardly，the like 等表达；②Halliday 指出情态是人际意义中的一个重要概念，并非如以往大多数逻辑学家那样将情态视为命题的性质和概念成分。因此，通过情态分析可以考察社会语境下话语互动中参与者之间的人际关系。

5.3　社会符号学情态研究

　　社会符号学视野下的情态研究深受系统功能语言学的影响，将语言视为社会符号，强调"要在社会文化语境中解读语言，从符号的角度将文化本身解读为信息系统"（Halliday，1978：2）。社会符号学的多模态观认为，类似的意义在特定的社会文化语境下通常可以由不同的符号模态来表达，共通的符号原则能在模态内部和多种模态之间起作用（Kress & van Leeuwen，2001：1-2）。因此，基于语言符号的情态系统研究可以扩展到包含其他符号资源（如视觉图像、声音、三维立体空间等）的多模态话语。

社会符号学的情态研究主要吸收并发展了语言学情态中的"情态化"概念，即关于命题真实程度的判断（Hodge & Kress, 1988; van Leeuwen, 2005）。社会符号学者关注呈现信息真实性程度的各种符号资源，认为情态的选择体现交际双方社会关系的亲疏远近，以此探讨符号选择背后的社会意义和社会关系的构建方式。

对于某一群体来说可靠确实的信息，在别的语境或在其他社会群体眼里并非都是真实可信的，这与文化和价值判断等因素有关（Hodge & Kress, 1988: 121; Kress & van Leeuwen, 2006: 171）。哪一方掌控了情态，就掌控了以何种版本作为信息真实性的标准；而作为真实性标准的版本就成为价值判断和行为的基准（Hodge & Kress, 1988: 147）。换言之，何谓"真实"在符号交换和社会交往中不断地被挑战和检验，"情态"更多体现的是人际意义、社会意义，而并非概念意义。

5.3.1　情态标记

情态的社会符号学分析法中有两组关键概念：①情态标记；②编码取向。Kress & van Leeuwen（2006: 160 - 163）归纳出分析视觉情态的八个标记。首先，在色彩使用方面，包括色彩饱和度、分辨度和调谐度；其次，在细节的描述上，包括背景细致程度和前景细致程度两方面；此外，与视角和光学有关的参数包括深度、光影对比度和亮度。其中每个情态标记（modality markers）都被视为一个连续统一体（continuum），比如从色彩完全饱和到饱和度为零（即黑与白），又如从背景细节完全再现到背景为空白，等等。使用连续统一体来描述各个情态标记的程度计量是一种拓扑学（topology）方法，有利于分析不同语境中真实程度的不同标准。

值得注意的是，情态标记所表达的情态值并非随着色彩或细节等参数的增加而增强，对视觉信息的情态判定还与交际语境有关。社会符号学中用编码取向（coding orientation）来表达不同语境中的情态判定标准。

5.3.2 情态编码取向

最常见的编码取向是自然主义的（naturalistic）情态，它以正常肉眼所见、35mm彩色照相机所拍摄的照片为标准，是大众普遍接受的视觉真实标准。某些特定交际语境则更倾向于采用其他编码取向。譬如科技语境强调视觉信息作为蓝图的有效性，因此通常采用科技（technological）编码取向，例如地图、建筑规划图等（van Leeuwen，2005：168）。在科技编码取向中，细节的省略、光影对比的缺失、近乎零的色彩饱和度并不代表低情态值，因为在科技语境中强调的是对计算、测量等方法的精确表达，只有符合这一交际目的才具备高情态值，因此，与科学表达没有必然联系的情态标记（如色彩、光影对比、背景细节等）计量值往往不高。

在广告装潢、视觉艺术等语境中则以感官（sensory）编码取向为主导，通常由高程度计量的色彩、纷繁复杂的细节、对比鲜明的光影来体现。由于感官编码取向把某些视觉信息前景化，有时会让人产生过于真实的感觉，但它强调感官的愉悦等效果，以期达到吸引消费者注意力的目的。此外，还有用于学术语境的抽象（abstract）编码取向（如图表等）。抽象编码取向关注个体表面差异之下的共性，强调超越表面现象把握事物的本质和普遍真理。能制造、理解抽象编码取向的话语被视为受过良好教育的标志之一（Kress & van Leeuwen，2006：165）。

换言之，视觉情态值的高低与社会价值判断、历史文化等因素有关，取决于特定交际语境、特定社会群体对信息真实程度的界定。除了视觉符号情态以外，社会符号学对情态的研究还包括声音符号情态与三维情态。声音情态的参数包括音调范围、延续变异、吸声范围、波动程度、摩擦程度、方向性等，各个参数都被视为从最小值到最大值变化的连续统（一体 continuum）（van Leeuwen，1999：172–176）。声音的情态值同样跟特定交际语境的情态编码取向有关，主要有抽象—感官、自然主义、感官三类编码取向。其中音乐的情态值最为抽象，而且通常是一种同时包含抽象和感官两类编码取向的情态（van Leeuwen，1999：178）。

三维情态研究包括对雕塑、建筑、玩具等三维空间的考察。Kress & van Leeuwen（2006：252–255）指出，分析二维平面情态的某些原则也适用于分析三维情态，比如幼儿的玩具在细节和色彩方面大多表现为抽象情态和感官情态，而少儿的玩具则经常采用自然主义情态，因此与成年人的现实世界也更为接近。但是三维情态也具有区别于平面情态的某些特征，例如，三维情态一般不需要表现深度和光影对比度，因为三维物体本身就具备了深度和自然的光影对比。

5.4 情态分析在多模态教育语境中的应用

本文主要关注情态分析在教育语境中的运用,所分析的语料是包含语言和图像的外语教材语篇,考察的方面包括不同教育语境中的情态对比分析、宏观语篇体裁的情态分析以及编码取向在教材语篇中的比例等问题。

5.4.1 不同教育语境中的情态对比分析

在前期研究中,我们运用社会符号学关于情态编码取向的理论,分析了外语学习的不同阶段所使用教材的情态意义(Chen,2010)。通过对同一系列教科书中一组关于动物主题的教学单元的情态分析,发现情态选择与交际语境的语旨(tenor),即交际双方的人际关系密切相关,可归纳如表5.1所示。

表5.1　不同教学语境关于动物主题的情态分析

教学语境	情态标记	情态编码取向	解读
We Love Animals	高色彩饱和度,拟人化形象	感官	教材编写者(WP)的自然主义情态让位于教材使用者(WR)的感官情态
Why Do You Like Koalas	前景、背景细节的简化;高色彩调谐度	抽象—感官	把握事物本质特征的抽象情态与吸引读者注意力的感官情态相结合
Wildlife Protection	实景照片真实再现濒危动物的生活情景	自然主义	主流的自然主义让读者身临其境,认识环境问题及其对策

在教材语篇中，WP（World of the Producer）指教材编写者，他们作为成年人一般持自然主义情态。正如 Hodge & Kress（1988：151－153）指出，当 WP 的编码取向跟 WR（World of the Reader，即教材使用者）的编码取向不相符时，WP 或 WR 的任一方（或双方）必须做出妥协，否则情态编码取向的差异有可能成为对抗的基础。分析表明，在编写教材时 WP 往往会不同程度地向 WR 所持的编码取向妥协。譬如，面向少儿的教材语篇运用了大量的卡通漫画图像和带有明显感官编码取向的排版设计；感官情态随着读者年龄的增长而逐步减弱，取而代之的是抽象情态的上升，教材语篇的教育目的也逐渐明显；当介绍较为严肃的社会话题时（如环境保护、拯救濒危动物），教材语篇则往往采用主流的自然主义编码取向，让读者通过实景照片真实感受濒危动物的生活情景，更好地认识环境保护的重要性。

语言学习要求语言材料具有较高的再现率（中华人民共和国教育部，2001：48），教材中对同一主题语言材料的复现保证了对某些语言现象足够的再现率。英语教材的编写要体现循序渐进的语言学习规律，教学内容和教学要求应该由易到难、从简单到复杂逐步过渡（中华人民共和国教育部，2001：48）。所分析教材体现了适应不同年龄段和不同语言水平学生特点的要求，教材语篇的视觉情态选择与社会文化语境有关，与交际双方的认同（solidarity）存在相互依赖（interdependence）的关系（Hodge & Kress，1988：161）。

5.4.2　宏观语篇体裁的情态分析

我们在进一步研究中发现，单纯考虑语旨并不能完全解释外语教材语篇中的多样化情态选择。比如，语旨相同（面向同一读者群）的教学单元中，往往运用具有不同情态编码取向的多模态语篇。

引入宏观语篇体裁（macrogenre，Martin & Rose，2008：216）的概念，我们可以将教学单元视为包含叙述文、阐释文、议论文等成分语篇的宏观语篇体裁。根据悉尼学派的观点，体裁是分阶段的、以目标为导向的社会过程（Martin，1984）。外语教材语篇通常包括热身（Warming Up）、阅读前（Pre-reading）、阅读（Reading）、理解（Comprehending）、语言学习（Learning about Language）、语言的使用（Using Language）、小结（Summing Up）以及学习小提示（Learning Tip）等阶段性明确的部分。其中热身、阅读前、理解和语言的使用是练习部分，或提出问题让读者思考，或让读者根据提示完成练习；阅读、语言学习和学习小提示为基本没有读者参与共建的课文；小结部分则由编写者列出提纲，读者归纳所学内容。各个成分语篇都为达成该单元的学习目标（包括话题、功能、语法等目标）服务。

作为教学单元的同一宏观语篇体裁内部的各个成分语篇往往采用不同类型的情态编码取向。以人民教育出版社高中英语教科书第二册"The Olympic Games"教学单元（2004：9-16）为例，对现代奥运会的描述配以自然主义的照片，再现奥运会赛场的情景，而关于古代奥运会的希腊神话"The Story of Atlanta"则采用在一定程度上偏离自然主义编码取向的彩色绘画，在深度、背景细节和光影对比等情态标记上都与自然主义标准有所差异，表现了神话故事的传奇想象色彩。

因此，除了语旨以外，情态选择还与语篇的语域（field），即社会行为的话题、焦点有关。在同一宏观语篇体裁中采用特定的情态编码取向，目的是引导读者接受语篇"预设的阅读定位（putative reading position）"。为了更好地表现语篇话题的特点，某些情态标记会偏离标准的编码取向，从而引起同一宏观语篇体裁中多样化的情态选择。

5.4.3 编码取向在教材语篇中的比例问题

据我们统计，在全套17册人民教育出版社2002年至2006年出版的英语教科书中的1398幅图像里，感官编码取向的卡通漫画类多达1269幅，占90.8%，其余为自然主义编码取向的肖像画或实景照片。虽然在高中教科书中感官情态的比例有所下降（在91幅图像中只有27幅，占29.7%），但感官情态图像在小学和初中教科书中的比例很高（分别占97.9%和89.6%）。如表5.2所示。

表5.2 英语教科书中的情态分布统计

学习阶段	情态类型			
	感官情态	抽象—感官情态	自然主义情态	合计
小学	839（97.9%）	16（1.9%）	2（0.2%）	857（100%）
初中	403（89.6%）	5（1.1%）	42（9.3%）	450（100%）
高中	27（29.7%）	15（16.5%）	49（53.8%）	91（100%）
总计	1269（90.8%）	36（2.6%）	93（6.6%）	1398（100%）

在教材语篇中是否需要使用如此高比例的感官情态编码取向呢？Martin（1989：57）曾指出，教育语境中过于幼稚的信息呈现方式并不利于少儿掌握知识的要点。遵循Bernstein（2000）的教育理论，悉尼学派的体裁和教育语篇研究认为，

教学关系应该是"既约束也赋权的"（Christie, 2004: 178; Christie & Martin, 2007）。需要说明的是，在童话语篇中使用感官情态编码取向能对儿童进行艺术启蒙（丁建新，2007）。如 5.4.1 分析表明，在某些教育语境中适当运用感官情态，也能吸引并保持读者的阅读兴趣。但我们需要思考各类情态编码取向在教育语境中的整体比例合适度问题，如何结合具体的教学任务来合理运用情态配置等多模态手段值得进一步研究商榷。

5.5 结语

本文以社会符号学对语言学情态概念的发展入手，运用社会符号学关于情态编码取向的理论，考察多模态外语教材语篇中的情态选择。通过对不同学习阶段教材关于同一主题的不同情态类型的对比分析表明，视觉情态的选择与交际双方的认同密切相关。对同一宏观语篇中不同成分语篇的分析表明，除了语旨以外，语域也是影响视觉情态选择的另一重要因素。此外，本文在统计系列教材语篇情态分布的基础上，讨论感官编码取向在教育语篇中的比例问题。

目前社会符号学对视觉情态意义的研究主要集中于信息的真实度这一方面，对情态全貌的认识还有待进一步研究（李战子，2003: 6）。视觉情态选择是否包括意态意义，其具体体现方式如何，这些问题在未来情态研究中值得进一步探讨。

6. 多模态教科书语篇图像的概念意义与图文关系[①]

6.1 引言

目前我们正生活在一个飞速发展的科技时代,在数码技术、多媒体技术和网络技术的联合影响下,20世纪80年代以来视觉文化兴起,图文并茂的多模态交际手段正蓬勃兴起并冲击着人们传统的思维方式和欣赏习惯。近年来,不少国外学者从Halliday(1978/2001)的社会符号学出发,把语言的社会符号特性扩展到图像、声音、动作等多模态的交际手段上,在这方面进行了一系列的研究,如O'Toole(1994)和Kress & van Leeuwen(1996)比照功能语法中的三大纯理功能理论建立了对图像进行多模态语篇分析的理论框架,van Leeuwen(1999)分析了音乐和声音,Martinec(1998,2000)对动作进行了研究,Martin & Stenglin(2006)探讨了空间设计:多模态语篇分析已成为功能语言学研究里一块振奋人心的领域。我国也有学者(胡壮麟,2007;朱永生,2007;张德禄,2009;李战子,2003;陈瑜敏、秦小怡,2007)对此进行了探

[①] 此文原刊于《宁波大学学报(教育科学版)》2008年第1期,作者为陈瑜敏、王红阳。

讨，但从文献看，国内目前在多模态语篇分析应用方面的探讨并不太多。

异军突起的视觉文化和视觉交际手段同样也影响着教育的改革和创新，多模态语篇已成为现代课堂教学和教科书的显著特点之一。"多模态读写（Multiliteracies）"这一概念最初是由 New London Group（1996）提出，目前不少学者（如 Baldry, 2000; Jewitt, 2002; Kress, 2003; Kress et al., 2001; Lemke, 1998, 2000; Royce, 2002; Unsworth, 2001, 2005）正致力于这方面的研究。从掌握的文献看，把多模态读写和多模态语篇分析应用于汉语教科书语篇的研究还不多见，本文尝试对我国自然科学类教科书进行多模态语篇分析，研究关注的是图像的概念意义（Halliday, 1994/2000）与图文关系，并讨论语域因素对图像特点和语篇图文关系的影响。

6.2 当代教科书的特点：多模态语篇

我国当代的大、中、小学生，基本上都出生于20世纪八九十年代，在多模态交际手段的影响下，这一代人的阅读习惯与学习方式正在逐渐发生变化：他们对图像的敏感度与父辈相比大大提高，"看"图像与"读"文字一样，都成了获取知识的重要手段。有学者（傅莹，2005）指出，"看"已成为学生的阅读习惯与接受知识的主要方式，这在引起了社会的忧虑和警醒的同时，教育者也意识到了应顺势而导，适当改变传统的教学内容、方法和教学组织形式，以贴近当代青少年的接受心理与认知规律。

教科书的编写和改革也概莫能外，作为课堂教学的重要元素，研究教科书语篇对教学和教育改革有一定的现实意义。当代教科书的显著特点之一是具有文本、图像等资源的多模态语篇，其编写除了考虑语言文字的特点外，还必须考虑图像、图表的特点和图文关系，以及这些视觉交际手段如何与受众的认知特点和接受心理相适应。本文选取2001年以后出版的中小学和大学本科自然科学类教科书为分析对象，分别是九年义务教育六年制小学试用课本《社会》（2001年7月第3版）、义务教育课程标准实验教科书《地理》（2002年7月第1版）和高等学校教材《环境学基础》（2004年7月第1版）。它们的共同点是：教学内容都为地理环境知识；都是多模态语篇，除了文本以外，还包含大量图像、图表等制造意义的资源。在本文中，作者将以 Martin & Rose（2008）的理论框架为基础，分析多模态教科书语篇中图像的概念意义和图文关系，并探讨语域因素对各个学习阶段教科书的图像特点和图文关系的不同影响。

6.3 科学语篇中图像的概念意义和图文关系

Martin & Rose（2008：139）认为，科学语篇有四类语篇体裁：报告（report）、解释（explanation）、程序（procedure）以及程序描述（procedural recount）。本文的分析对象均为介绍地理环境知识、讲解原理的自然科学类教科书语篇，基本不涉及实验操作，因此我们主要讨论报告和解释这两类语篇体裁。Martin & Rose 指出，报告和解释关注的分别是实体（entities）和活动（activities），报告可以进一步细分为描述性（descriptive）报告、分类（classifying）报告和组成成分（compositional）报告；解释则可分为次序（sequential）解释、因素（factorial）解释、结果（consequential）解释和条件（conditional）解释。

科学语篇的一个显著特点是图文搭配，一方面图画、图表、照片、地图等图像能帮助读者更好地解读文本，另一方面读者也往往需要文本的解释来正确理解图像的含义。Martin & Rose（2008：167）在讨论科学语篇的视觉图像所建构的概念意义时，指出必须考虑以下三个方面：该语篇关注的是实体（分类或组成）还是活动（单一活动或复杂连续的活动）；图像里的各个类别是明确的（explicit）标示还是含蓄的（implicit）暗示，这需要读者根据相应的文本或该领域的相关知识进行推断；图像是形象逼真的（iconic）照片和现实主义的图画，还是象征性的（symbolic）图表，或者是诸如纲要式绘图的索引的（idexical）图像。Martin & Rose 以图表的形式归纳了科学语篇中表示图像概念意义的各个选项（如图 6.1 所示）。就系统网络的符号标写方法来说，各特征项目之间有"析取选

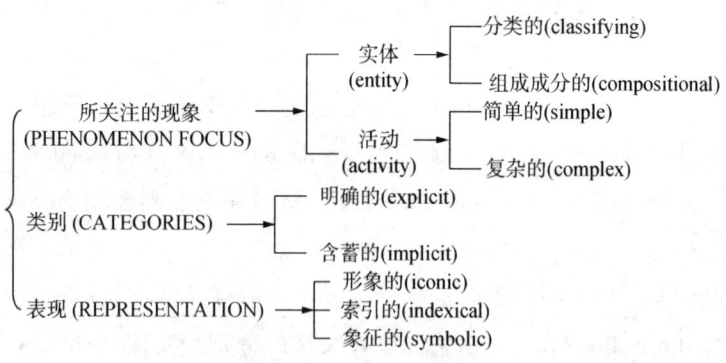

图 6.1　科学语篇中表示图像概念意义的选项

（Martin & Rose 2008：167）

择"(either... or choice)和"合取选择(both ...and choice)"两种基本关系,直角括弧"〔"表示析取选择,即在可供选择的项目中只能选其一;大括弧"｛"表示合取选择,即在可供选择的若干个子系统中对每一个子系统都要同时进行选择(胡壮麟等,2005:56)。由图 6.1 可以看出,析取选择和合取选择的不同组合从理论上说可以产生 24 种不同的图像类型。

多模态的科学语篇有着复杂多样的图文关系,根据 Martin & Rose 的观点,图像详述(elaborate)文本的方式有四种:以另一种形式重述(restate);使用较少的细节进行总结(summarize);使用较多的细节来详细说明(specify);以及重复(repeat)某些意义。另外,与文本有词汇复现的插图说明也有助于整个多模态语篇的衔接。

6.4 图像的概念意义与图文关系

从分析的语料看,多模态教科书语篇主要包括以下几类图像:漫画式插图和照片、混合图像和图文并茂的阅读栏,以及抽象的图表和纲要式绘图。下面分别讨论各学习阶段教科书的图像特点。

6.4.1 小学教科书图像特点:漫画式插图和照片

所选的小学《社会》教科书的图像多为漫画式彩图和实物、实景照片,它们与文本同为制造意义的资源。以《社会》第三册课本中介绍我国各民族的图像(2001:29-31)为例,它由六幅栩栩如生的人物肖像画组成,分类介绍了六个少数民族的服饰特点,每一个民族人物像的下方都明确标明了该民族的名称，因此该图像属于明确形象分类实体图像（explicit iconic classifying images of entities）。在图文关系方面，这里的文本属于报告类语篇体裁，文本并没有具体介绍各个民族的情况，而图像则详细描绘了几个有代表性的少数民族的服饰特点，图文关系为图像使用较多的细节来详细说明（specify）文本的内容，而图像下方的说明与文本中出现的少数民族名称形成了词汇复现，有助于整个多模态语篇的衔接。

再以"武士俑"图（2001：98）为例分析，在照片里可以看到这些武士俑的各个组成部分，但它们并没有被明确标明，因此是含蓄的，但读者可以从文本里的"免冠束发""手挽弓箭""头戴战冠""身披铠甲""足穿黑靴""手执兵器"等描述中了解这些组成部分。因此该图属于含蓄形象的组成成分的实体图像（implicit iconic compositional images of entities），语篇的图文关系属于图像重复（repeat）文本里的某些意义。

除了"报告"型语篇体裁外，小学教科书还包括"解释"型语篇体裁，与此相对应的是关于活动的图像。譬如"花港观鱼"图（2001：109），照片里所有人都在观赏金鱼，他们的目光形成了含蓄的矢量，向下指向水里的鱼，照片里基本上只有观鱼这一动作，属于含蓄形象的简单活动图像（implicit iconic simple images of activities）。图文关系方面，文本只用了"沿苏堤往南，即到'花港观鱼'"一带而过，而照片则形象具体地介绍了观鱼的情形，因此该图像使用了较多的细节来详细说明文本内容。

6.4.2　中学教科书图像特点：混合图像和图文并茂的阅读栏

中学《地理》教科书与小学《社会》教科书有不少相似之处，例如教学内容都是地理环境知识，都采用彩色印刷。与小学教科书相比，中学教科书的图像有以下几个重要特点：地图数量大大增加，大量采用实物、实景的照片，出现了各种类型的图像混合使用的情况以及图文搭配的"阅读"栏。

中学教科书里的插图并不局限于一种类型的图像，在八年级上册"辽阔的疆域"一节里（2002：3-5），出现了混合图像：在名为"中国的疆域"的图片里，中间的地图属于明确索引的组成成分实体图像（explicit indexical compositional images of entities），上面明确标明了我国疆域的最东、最西、最南和最北端；而四角的四张小照片则属于明确形象的组成成分实体图像（explicit iconic compositional images of entities），四张实景照片里都分别附有图片说明（"乌苏里江日出""帕米尔高原""南海中的岛屿"和"北极村—漠河"），这四张小照片属于"小嵌入图（inset）"，如 Unsworth（2001）指出，小嵌入图有放大图像组成成分的功能，这里四张小照片将地图上的四个小点放大，再现了它们的真实景象。该语篇的图文关系属于图像详细说明文本的内容，文本只笼统谈到疆域辽阔和陆地总面积，而图像则具体描绘这些地区的地形地貌特征。

"阅读"栏是该中学教科书典型的叙述模式，当文本是报告时，使用篇幅短小的一段文字加上实物的照片，一般为含蓄形象的组成成分实体图像（implicit iconic compositional images of entities），例如长江三峡工程（2002：48）、超级杂交稻

(2002：84)、布达拉宫（2002：90）和蒙古包（2002：95）等；当"阅读"栏介绍的是各地区的民俗活动时，文本的语篇体裁类型是解释，相应的图像为该活动场景的照片，属于明确形象的活动图像（explicit iconic images of activities）。

"阅读"部分的图像以另一种形式重述短文的内容，但图像与文本的侧重点各有不同：在介绍地方或景物时，文本描写的是该实体的构造、功能特点等，并常常给出精确的统计数字，而照片则为静物图，真实表现了该地区周围的环境；在介绍民俗活动时，文本描写的是该民俗的来历和活动内容，而照片则把活动的盛况逼真地呈现于读者面前。照片下方的说明与短文有词汇复现之处，有利于衔接，使整个多模态语篇成为一个有机的整体。

6.4.3 大学教科书图像特点：抽象的图表和纲要式绘图

所选的本科教材是环境科学专业本科生所使用的专业基础课教科书，它与中小学教科书有着明显的区别：采用黑白印刷，没有实体或活动的照片，取而代之的是起概括总结作用的抽象图表和表示复杂构造或流程的纲要式绘图，属于象征性的抽象图像。

先来分析象征性分类图表，这类图表的特点是左边的一个入选项生发出右边多个条目，分类介绍该入选项下面的不同类别，而这些类别也以文字形式被明确标示出来，属于明确象征性的分类实体图像（explicit symbolic classifying images of entities）。在图文关系方面，这类图像使用较少的细节总结（summarize）了报告的内容，以"生态系统的结构"图（2004：

23）为例，它将足足两页的文本内容（2004：22－23）总结为一个图表，以简单清晰的方式概括总结了这六个自然段的要点。

再来看表明装置的轮廓构造的索引的实体图像。例如，"辐流式沉淀池结构示意图"（2004：147）就是以较简单的轮廓图勾勒出沉淀池的结构，各个组成部分也被明确标示出来，属于明确索引的组成成分实体图像（explicit indexical compositional images of entities）。文本提到了四种不同类型的沉淀池，其中的辐流式只是一带而过，而图像具体介绍了这种沉淀池的构造和并给出各个组成部分的名称，因此图文关系为图像使用较多的细节来详细说明（specify）文本。

除了关于实体的报告以外，还有对活动的解释。例如"氮的循环"图（2004：33）就属于明确象征性的复杂活动图像（explicit symbolic complex images of activities），它以简单的线条表现出氮循环的整个过程：左边的四个箭头以及简化了的火山、工厂、树林和牛的图标分别重述了文本里以小标题方式叙述的四种固氮途径（2004：32－33），而右边的一组箭头则以图形的方式重述游离氮如何进入大气，从而完成氮循环。

6.5　讨论：语域对图像特点和图文关系的影响

为什么不同学习阶段多模态教科书的图像特点和图文关系会存在以上差异呢？下面尝试从语境和语域的角度来探讨其原因。语言的实际使用总离不开一定的语境，语篇的理解和解释也依赖于语境。语境指的是言语活动在一定的时间和空间里所处的境况（黄国文，1988：42）。语境包括抽象概括的文化语境、语言交际发生的特定的情景语境,以及语篇内部的上下文语境,它们分别对应语言系统中的语篇体裁、语域和语言(Halliday & Hasan,1989;Eggins,2004)。语篇体裁由下一层语域中的语境配置体现,而语域又由使用中的语言,即语篇来体现。本文主要讨论情景语境的影响,决定情景语境的三个语域变量,即语场、基调和方式,分别与概念功能、人际功能和语篇功能相对应(Halliday & Hasan,1989:25-26;Eggins,2004:111)。语场指的是语言所描述的事件和活动的性质;基调指的是交际双方的地位、角色和关系等基本情况;而方式指的是语言在交际中所起的作用,如交际渠道等。由于语域的不同,属于同一体裁的语篇在具体的语言选择上会有所差异。下面分析语域对教科书的图像以及图文关系的影响。

小学《社会》教科书图像的一个显著特点是采用风格天真稚嫩的水彩漫画式插图和形象生动的实物或场景照片;一些章节配有地图,但数量较少也较简单;全书没有任何抽象的归纳性图表、纲要式绘图或统计图。从语场看,该书的内容是对地理知识的简要介绍,基本没有涉及现象背后复杂的原理,因此,与此相适应的图像就是生动直观的彩图和照片,这样能加强小读者的感性认识。再来看语篇的基调,该书面向的读者是小学低年级学习者,风格活泼的彩图和照片带给小读者的是亲切而逼真的感觉,这符合受众的接受心理与认知规律。试想象小读者拿到的是充满了抽象图表和复杂统计图的课本,他们很可能会觉得索然无味。从语篇的方式看,根据所关注的对象是实体还是活动,文本的语篇体裁分为报告和解释两种,与此相应的构图方式就分为实体和活动的图像,它们或明确或含蓄,或简单或复杂,或分类介绍或表现组成成分,与文本一起作为制造意义的资源,形成语义衔接连贯的多模态语篇。

从语场角度看中学《地理》教科书,地图的大量使用是由"地理教科书"的内容所决定的,照片的使用也与文本相得益彰,从不同方面介绍了地理知识。从基调来看,所面向的读者是初中学生,彩色的地图与照片有较强的吸引力,能防止单一枯燥的教学方式;图像以形象直观的实物实景图居多,基本没有抽象概括的象征性图像,但出现了一定数量的统计图,这与中学生的认知水平和抽象思维能力相符。再来看方式,小嵌入图的使用放大了地图上的小点,并以照片的形式生动展现了当地的地理环境;"阅读"栏则通过短小精悍的文本以及具体真实的照片对教学内容进行补充,成为教科书语篇的有机组成部分;图片说明与文本有词汇复现之处,有利于整个多模态语篇的衔接与连贯。

从语场看所选的本科教科书,它所涉及的知识面广、难度较大,因此图像基本为抽象概括的图表和纲要式绘图,简洁清晰地将几页的文本内容总结为一个图表、结构图或流程图,有利于梳理繁多的知识内容,便于读者理解和记忆;从基调看,所面向的读者是环境科学专业本科生,文字成分含量高的抽象图表与学习者的读写水平和抽象思维能力相适应;从方式看,它采用的是黑白印刷,除了抽象图表外,并没有实物或场景照片。

6.6 结语

本文的理论基础是近年来在系统功能语言学的基础上发展起来的多模态语篇分析理论,所选取的语料为我国现行的自然科学类多模态教科书语篇，探讨文本和图像在制造意义方面如何实现互补，并从语域角度讨论不同学习阶段教科书的图文特点，以及教科书编写者根据课程内容的难易程度和学习者的认知特点如何合理编排文本和图像。分析指出，文本与图像同为语篇制造意义的资源，在跨文化语境下科学语篇图像的概念意义和图文关系具有一定的共性，Martin & Rose（2008）提出的分析西方文化语境下科学语篇图文特点的框架同样也适用于汉语语篇的研究。教科书的文本和图像各自有着对方所不能代替的功能，它们相辅相成、互补局限性，形成语义衔接连贯的多模态语篇。

从文献看，从系统功能语言学的角度分析汉语多模态语篇的研究还不多见，多模态语篇分析是功能语言学研究的前沿领域之一，目前国内这方面的研究也还刚刚起步。本文是将系统功能语言学以及在此基础之上建立的多模态语篇分析理论应用于汉语自然科学类语篇的一种尝试，希望能为教科书的编写提供语言学和符号学的理据，为汉语语篇的多模态研究带来启示。

第二部分
文学语篇和媒体语篇研究

7. 语法隐喻框架下英语文学原著与简写本的易读度研究[①]

7.1 引言：易读度研究及不足

易读度（readability）指书面材料易于阅读和理解的程度（Richards *et al*., 2002/2005: 569）。传统上从语言学角度对英语语篇易读度的研究主要集中于运用易读度公式测定和分析文本的语言特征。常用的易读度公式如 Flesch 1948、Dale-Chall 1948、FOG 1952 等主要以词长和句长作为预测系数，认为单词越长、所包含音节数越多、句子越长，文本就越难懂（Ancker, 2004: 97）。

易读度公式在得到广泛应用的同时，其有效性也受到越来越多研究者的质疑。Bruce & Rubin（1988: 20）认为，易读度公式忽略了语法、篇章结构对文本易读度的重要影响。Bailin & Grafstein（2001: 286）指出，易读度公式所依据的标准在考量词汇和句法的复杂性等方面存在问题，并不能真实反映文本的难度。下面举英国文学名著 *Alice's Adventures in Wonderland* 原著及其简写本中的例子，说明为何易读度公式无法

[①] 此文原刊于《外语教学与研究》2014 年第 6 期，作者为陈瑜敏、黄国文。

7. 语法隐喻框架下英语文学原著与简写本的易读度研究

解释语法结构的影响:

(1) ... my going out altogether, like a candle. (原著,Carroll, 1865/2008: 17)

(1a) ...I become too small altogether and disappear like the end of a candle that's finished up. (简写本1, Williams, 2004: 16)

根据易读度公式,句子越长就越难懂。而改写后的(1a)虽然比原著(1)长,但却易懂得多。这是因为例(1)把原本应由动词词组表达的过程(I become too small altogether and disappear)浓缩为名词词组(my going out altogether),因此更为抽象、概括;而(1a)由动词词组体现"浓缩"(变小)这一语义,还原为常规表达,因此更加直白、自然。

语法结构是影响英语书面语篇易读度的重要因素。偏离常规的语法表达往往影响甚至妨碍阅读理解、降低易读度,但是,何种语法偏离会影响文本的易读度、语法偏离具体如何影响文本的易读度,一直是易读度研究领域悬而未决的问题(Bailin & Grafstein, 2001: 293 – 294)。我们认为,系统功能语言学中的语法隐喻思想(Halliday, 1985, 1998a/2004, 1998b/2004; Halliday & Matthiessen, 1999, 2014)可为以上问题的解决提供思路。如果把一致式视为常规的表达方式,隐喻式则是词汇语法层面偏离一致式的、非常规的体现形式,产生这一偏离的原因是词汇语法层和语义层之间不对称的张力。语法隐喻关注语法和语义之间的错位体现关系,为从语法结构的角度研究文本的易读度提供了路径。

本文以英国文学名著 *Alice's Adventures in Wonderland*(以下简称 AAW)为例,考察英语文学原著及其简写本中语法隐喻的使用与文本易读度的关系,探讨以下几个问题:在简写本中,原著的隐喻式表达是否均被改写为一致式?简写本对不同类型语法隐喻的改写有何差异?不同改写方式的隐喻化程度(或对语法隐喻的还原程度)有何不同?这样改写背后的动因又是什么?本文试图通过对 AAW 原著与简写本中概念隐喻和人际隐喻的分析和比较,回答以上问题。

7.2 语法隐喻概念及发展

自从 Halliday(1985)首次提出语法隐喻概念以来,语法隐喻分析框架在近三十年的发展中经历了一系列调整和完善。在初始阶段,Halliday(1985,1994)从语法层面上意义表达的不同方式来阐述语法隐喻,指出隐喻式与"识解经验的典型方式"即一致性(congruence)表述方式的区别和联系(Halliday,1994:343)。语法隐喻包括概念隐喻和人际隐喻。在概念隐喻中,一个过程可以隐喻化为另一个过程,与原过程相关的小句功能成分(如参加者、环境因素)以及体现这些功能成分的词汇语法结构也相应发生变化。人际隐喻包括语气隐喻和情态隐喻,当一种言语功能并非由典型语气来体现时(例如使用疑问语气 Can you…?而不是祈使语气来表达命令的言语功能),就产生语气隐喻。情态意义一般由情态动词、情态副词等情态词汇来体现,如果使用小句来建构情态判断(例如 I think…或 It is possible that…)就是情态隐喻表达。

正如胡壮麟(2000:89)指出,系统功能语言学的语法隐喻模式突出的是功能的思想,比如概念语法隐喻主要表现在及物性过程和功能成分的隐喻化,最后才见之于词汇语法层的体现转换，前者起决定作用。

近年 Halliday 等学者（Halliday，1998a/2004，1998b/2004；Halliday & Matthiessen，1999，2014）在完善语法隐喻分析框架的过程中突出了系统功能语言学的层次思想，并从语言演变的角度阐明了语法隐喻的动因（张德禄、董娟，2014：34）。Halliday（1998b/2004：40-43）指出，语义层和语法层的一致性包括级阶一致性和性状一致性。级阶一致性指语义功能层的言辞列、言辞和成分分别由词汇语法层的小句复合体、小句和词组来体现；而性状一致性指语义功能层的过程、实体、特征、环境和逻辑意义分别由词汇语法层的动词、名词、形容词、副词、介词短语和连词来体现。语义层和语法层之间张力的存在和作用导致了语法隐喻的产生（朱永生，2006：84）。当语义层和语法层之间的常规一致性对应关系被打破（例如言辞列不是由小句复合体来体现，或言辞不是由小句体现时），就产生了隐喻式表达。

从语言进化的角度，一致式可被视为"语义和语法在它们共同进化的起始阶段的关系模式"（Halliday，1998a/2004：75）。一致式在语言系统演变和个体语言发展上都是较早使用的语法结构，这体现在经验的构筑上，同时也体现在人际关系的建立上（Halliday，2003：21）。系统功能语言学对语法隐喻分析的新近发展（Halliday & Matthiessen，2014）在秉承层次思想和发生学理据的基础上，通过语言系统意义潜势扩大的两大手段——扩展和投射，把一度被忽略的人际隐喻重新置于与概念隐喻同等的地位（张德禄、董娟，2014：34）。

关于语法隐喻的程度与语义的表达和理解的关系，Halliday & Matthiessen（1999：258）指出，语法隐喻的整体效果与成分之间、言辞之间的语义联系密切相关,随着隐喻度的增加,语义联系的明晰度会降低。语法隐喻是形式变体也是意义变体(Ravelli,2003)。功能语言学认为,形式是意义的体现,意义来自形式与功能的结合。就语言形式、语法结构所表达的意义而言,一致式与其相对应的隐喻式是为不同的交际目的、交际需要服务的(黄国文,2009:9)。我们认为,简写本对原著的改写之所以选择某种形式而非其他形式,也是为特定交际目的、交际需要服务的,是意义和功能的体现。

7.3 语法隐喻在原著与简写本中的分布特征和改写情况

为保证语料的可比性与研究的效度,我们对所考察的AAW简写本的改写者、读者对象和主题内容做了以下限定:所选简写本的改写者均为英美国家本土当代作家,读者对象为以英语为非母语国家的英语学习者;所分析的主题章节为原著第一章"Down the Rabbit-hole"以及各简写本的相应章节;涉及简写本8部,均为纸质书面语篇。用功能语言学的术语说,交际的语旨、语场和语式三个情景语境因素(Halliday & Matthiessen,2014:33-34)都得到了界定。

我们区分隐喻式和一致式时采用是否"更加靠近外部世界的事态"(Thompson,2004:222-223;黄国文,2009:5-6)的界定标准。就语言结构的功能分析而言,名词通常表示事物、概念,而动词表示动作,语法中的祈使语气表示"命令"意义,陈述语气表示"陈述"意义,情态词汇体现情态意义,这些都是"更加靠近外部世界的事态"的一致式。而当名词用来表示动作［如上文例（1）用语法上的名词形式表示动作过程意义］，当非典型的语气用来表示言语功能［如下文例（3b）用陈述语气来表示命令的言语功能］，当使用小句而不是情态词汇来表达情态判断［如下文例（4a）以小句 I'm sure 表示显性主观情态］，都属于词汇语法形式不是用于表达它原先通常所表达的意义的情况，因此属于隐喻式。概念隐喻、语气隐喻和情态隐喻在原著与简写本中的使用情况如表7.1所示。

表7.1 语法隐喻在 Down the Rabbit-hole 原著与简写本中的使用情况

版本	作者	简写本读者对象	句子总数	总词数	概念隐喻句子数（百分比）	语气隐喻句子数（百分比）	情态隐喻句子数（百分比）
原著	Carroll		104	2,153	38 (36.5%)	11 (10.6%)	3 (2.9%)
简写本1	Williams	大中专英语爱好者	172	2,587	29 (16.9%)	12 (6.9%)	6 (3.5%)
简写本2	Ierace	青少年英语爱好者	67	569	3 (4.5%)	4 (6%)	1 (1.5%)
简写本3	Bassett	初二、初三	94	1,103	2 (2.1%)	7 (7.4%)	2 (2.1%)
简写本4	Tomalin	初二	98	766	0 (0%)	3 (3.1%)	1 (1%)
简写本5	Foulds	中学生第一级	49	815	1 (2%)	3 (6.1%)	1 (2%)
简写本6	Swan	中学生第一级	93	870	1 (1.1%)	3 (3.2%)	1 (1.1%)
简写本7	Snyder	小学三、四年级	26	215	0 (0%)	1 (3.8%)	0 (0%)
简写本8	Swan	儿童	45	280	0 (0%)	0 (0%)	0 (0%)

由表 7.1 可见，原著中超过三分之一的句子使用了概念隐喻（36.5%），语气隐喻和情态隐喻仅占 10.6% 和 2.9%。而简写本中概念隐喻大幅减少（0～16.9%），并且读者年龄段越低，概念隐喻的比重也越低。原著中出现频率不高的语气隐喻和情态隐喻在简写本中则得到了一定程度的保留，在不少简写本中（如简写本 2-7），语气隐喻的出现率甚至高于概念隐喻。下面举例说明三类语法隐喻在原著和简写本中的改写情况。

7.3.1 概念隐喻及其改写

（2）…there was nothing on it except a tiny golden key, and <u>Alice's first thought was that</u> it might belong to one of the doors of the hall.（原著，Carroll，1865/2008：14）

本句讲述 Alice 在兔子洞底部大厅里的玻璃桌子上发现了一把金钥匙，她想这把钥匙也许能打开大厅里的其中一扇门。从语义层面看，Alice"想"（think）是心理过程，词汇语法层体现过程的一致式是动词词组，但（2）打破常规，由名词词组 Alice's first thought 体现心理过程，使原本的动态过程变为静态，是概念语法隐喻。相应的功能成分也随之发生变化，心理过程的感知者 Alice 变成了名词词组中的修饰成分，Alice 的所思所想则成为识别型关系过程的识别者。简写本对小句（2）的改写如下。

（2a）"What other use can there be for this key? It must belong to one of the doors in this hall," <u>thought Alice</u>.（简写本 1，Williams，2004：12）

（2b）"Perhaps it will open one of the doors," <u>she thought</u>.

(简写本4,Tomalin,2000/2006:3)

(2c)"Will it open one of the doors?" she wondered.(简写本6,Swan 1988/2007:10)

在简写本中,(2a)(2b)(2c)都以表示认知的动词(thought/wondered)来体现心理过程,心理活动的主体Alice是这一过程的感知者,Alice的所思所想通过主句得到投射。换言之,改写后过程由动词词组体现,参与者由名词词组体现,所感知的现象由被投射小句体现,词汇语法层的体现形式和语义层一致。可见,简写本将原著中的概念语法隐喻还原为常规的一致式表达,使词汇语法层面的表层含义更接近语义层面的深层意义,从语法结构上帮助读者更容易把握句子的意思,从而提高语篇的易读度。

7.3.2 语气隐喻及其改写

(3)"Come,(3a) there's no use in crying like that!" said Alice to herself, rather sharply;"(3b) I advise you to leave off this minute!"(原著,Carroll 1865/2008:18)

这句描述Alice因够不着桌子上的金钥匙而着急地哭了起来,哭了一会儿后她告诉自己哭泣无济于事,不要再哭了。从语气看,(3a)(3b)均为陈述语气,但两者的言语功能不同。(3a)用陈述语气表达"哭泣无济于事"这一信息,是信息交流言语功能的一致式体现;而(3b)则以陈述语气来体现"别哭了"这一命令功能,采用了以陈述表命令的隐喻式表达。(3a)(3b)在各个简写本中的改写不尽相同。如表7.2所示。

表 7.2 改写前后原著与简写本语气隐喻比较

版本	小句（3a）及其改写	语气类型及方式	小句（3b）及其改写	语气类型及方式
原著	There's no use in crying like that.	陈述（一致式）	I advise you to leave off this minute.	陈述（隐喻式）
简写本 1	What good is it in crying like that?	疑问（隐喻式）	I tell you to stop this instantly.	陈述（隐喻式）
简写本 2	What's the use of crying?	疑问（隐喻式）	Stop crying.	祈使（一致式）
简写本 3	What's the use of crying?	疑问（隐喻式）	Stop crying at once.	祈使（一致式）
简写本 4	It isn't going to help you.	陈述（一致式）	Don't cry. Stop now.	祈使（一致式）
简写本 5	It is silly to cry like that.	陈述（一致式）	Stop crying at once.	祈使（一致式）
简写本 6	It's no good crying like that.	陈述（一致式）	Stop it at once.	祈使（一致式）

由表 7.2 可见，（3a）在简写本中有两种不同的处理方式，简写本 1-3 将原著的陈述语气 There's no use in crying like that 改写为隐喻式 What good is it in crying like that? / What's the use of crying?，从语义和上下文语境分析，Alice 说这句话的目的并不是要弄清楚哭有什么用，而是告诫自己哭泣无用，是以疑问表陈述的语气隐喻；简写本 4-6 则保留原著的一致式陈述语气。对（3b）的改写同样存在差异，简写本 1 保留原著的语气隐喻，以陈述语气体现命令的言语功能；而简写本

2-6则将其还原为一致式,直接采用祈使语气(Stop crying./ Stop crying at once./ Stop now./ Stop it at once./ Don't cry.)来体现命令。

可见简写本对原著中语气的改写较为复杂,包括三种方式:①保留原著的语气隐喻,并且增加原著没有的语气隐喻(如简写本1);②将原著某些语气隐喻还原为一致式,而某些一致式改写为语气隐喻(如简写本2,3);③保留原著的语气一致式,并且将语气隐喻还原为一致式(如简写本4,5,6)。换言之,语气隐喻在简写本中没有被完全改写为一致式,有些版本甚至增加了原著没有的语气隐喻,这是简写本中语气隐喻比例相对较高(见表7.1)的原因之一。

7.3.3 情态表达的隐喻化和去情态化

如表7.1所示,情态隐喻在原著和简写本中很少出现。我们对各版本的情态表达进行一一对应的考察,发现原著中的一致式情态判断在简写本中有两种处理方式:一是隐喻化为显性主观情态判断,二是去情态化,下面进行比较。

(4) ... this time she found a little bottle on it, ("which certainly was not here before," said Alice) ...(原著,Carroll,1865/2008:16)

本句讲述Alice重新回到玻璃桌子前,这回她发现了一个神秘的小瓶子,并且认为刚才这个小瓶子肯定不在桌子上,原著小句(4)使用情态副词certainly表达隐性客观的情态判断,是一致式。下面是各简写本的改写,如表7.3所示。

表 7.3 情态判断在简写本中的隐喻化和去情态化

版本	小句（4）及其改写	情态取向	词汇语法体现形式	一致式/隐喻式
原著	(4) "which certainly was not here before," said Alice	隐性客观	情态副词	一致式
简写本 2	(4a) "I'm sure it wasn't there before," Alice thinks.	显性主观	小句	隐喻式
简写本 3	(4b) "I'm sure it wasn't here before," said Alice	显性主观	小句	隐喻式
简写本 4	(4c) "That bottle was not on the table before," thought Alice.	无情态表达	无	去情态化
简写本 5	(4d) "This wasn't here before," Alice said.	无情态表达	无	去情态化
简写本 6	(4e) "That was not on the table before," Alice told herself.	无情态表达	无	去情态化

由表 7.3 可见，(4a)(4b) 将"刚才小瓶子不在桌子上"这一可能性情态判断建构为一个小句（I'm sure），以命题的形式来表达显性主观的情态意义。而 (4c)(4d)(4e) 则选择删除情态表达，直接用否定极性来表达"刚才小瓶子不在桌子上"。情态表达的是说话者的意见，它开启了交流的可能性，给予了听话者赞同或反对的可能。即使高程度的情态表达（如 certainly，always）也不如极性表达确定，因为情态表达不如极性表达的不变性强（Halliday & Matthiessen 2014：179）。因此 (4c)(4d)(4e) 的去情态化处理进一步加强了 Alice 对

"刚才小瓶子不在桌子上"这一判断的确定性。可见,简写本对原著隐性客观情态判断的改写方式为:一是构建为显性主观情态表达,明确体现 Alice 对可能性的主观判断(4a,4b);二是使用极性表达代替情态,直接将命题置于不可驳斥的地位(4c,4d,4e)。

对原著和简写本语法隐喻的进一步考察发现,简写本对原著的改写往往不是非此即彼的隐喻式或一致式,而是体现出不同隐喻化程度(或还原程度)的连续统特征。下面比较各简写本不同改写方式的语法隐喻程度。

7.4　不同改写方式的语法隐喻程度比较

如表 7.1 所示,概念隐喻和语气隐喻是原著和简写本中最主要的两种语法隐喻,因此本部分主要比较不同改写方式对这两类隐喻的还原程度(或隐喻程度)。

7.4.1　概念隐喻还原程度比较

Halliday 强调语言的分层次性对语法隐喻产生的重要意义。语法隐喻的产生归因于语言有层次之分,语义及其词汇语法体现的重组导致了语法隐喻的发生(Halliday,1998a/2004:58)。语义域可跨越不同的语法单位,这些不同语法单位所体现的模式并非完全同义,而是体现出语义系统中不同的值(Halliday & Matthiessen,2014:65)。下面从过程类型、功能成分、体现功能成分的词汇语法结构、级转移向度、语义变化五个维度比较不同改写方式对原著概念隐喻的还原。

(5) …and burning with curiosity, she ran across the field

after it,…（原著，Carroll，1865/2008：10）

本句讲述 Alice 看到兔子从上衣口袋里掏出一只怀表，感到非常惊奇。"感到惊奇"是心理过程，其常规、自然的表达应是体现心理过程的动词词组。但原著（5）的体现形式是物质过程 burning with curiosity，心理活动被隐喻化为物质过程的环境成分（with curiosity），由介词短语体现，原本应由动词词组体现的心理过程则被名物化为抽象名词 curiosity，心理过程的感知者 Alice 被隐性处理。各简写本对小句（5）的改写方式如表7.4所示。

表7.4 不同改写方式对原著概念隐喻的还原

版本	小句(5)及其改写	过程类型	功能成分	词汇语法体现	级转移向度	语义变化
原著	(5) burning with curiosity	物质过程	环境成分	介词短语	从高级（小句）向低级（词组）转移	语义删减
简写本5	(5a) That did surprise Alice.	心理过程	过程本身	及物动词词组	无级转移（小句）	语义无增删
简写本8	(5b) Alice was very surprised.	心理过程	过程本身	形容词词组	无级转移（小句）	语义无增删
简写本6	(5c) she did wonder	心理过程	过程本身	不及物动词词组	无级转移（小句）	语义无增删
简写本2	(5d) "A rabbit with a watch? That's very strange!" thinks Alice.	心理过程	被感知的现象	被投射的小句	从低级（小句）向高级（小句复合体）转移	语义增加

由表7.4可见，改写后的（5a）（5b）（5c）（5d）均使用心理过程，因此在过程类型的选择上四个简写本都还原了描述人物心理活动的常规模式，属于一致式表达。从功能成分及

其词汇语法体现看,(5a)(5b)(5c)中表达心理活动的功能成分是过程本身,体现这一过程的词类分别为及物动词词组(did surprise)、形容词词组(was very surprised)和不及物动词词组(did wonder);而(5d)则以投射来体现 Alice 感到惊奇这一语义,其中 Alice 的感知体现为投射小句(thinks Alice),她的所思所想体现为被投射小句("A rabbit with a watch? That's very strange!")。

从级转移向度看,原著(5)从高级(小句)向低级(词组)转移;(5a)(5b)(5c)以小句体现过程,保持了一致式的级阶选择;(5d)为小句复合体,进一步向更高级阶转移。就语义信息看,原著(5)在语义上隐性处理了心理过程的感知者;(5a)(5b)(5c)包含心理过程及其感知者,即心理活动的主体 Alice;而(5d)不仅包含心理过程和感知者,还包含引起这一心理活动的客体,即被感知的现象(a rabbit with a watch)。从语义增删的角度而言,(5)包含的信息量最少,(5a)(5b)(5c)居中,而(5d)的语义信息最丰富。

如前文所述,一致性包括级阶一致性和性状一致性。由上文分析可见,性状一致性不一定保证级阶一致性。(5a)(5b)(5c)(5d)在性状上均为一致式,因为它们都使用动词词组体现心理过程,名词词组体现感知者;但在级阶上它们并不一致,(5d)使用了比一致式更高的级阶—小句复合体,以被投射小句明确了引起心理活动的现象,其结果是扩充了语义,将所表达的信息明晰化。实证研究表明,文本提供的信息越清晰明了,文本的易读度就越高(Kemper,1988)。可见,在对原著进行改写的过程中,在保证性状一致性的前提下向更高级别转移,可补全缺省信息,从而提高文本的易读度。

7.4.2 改写后的语气隐喻程度比较

通过进一步考察简写本对语气隐喻的改写,我们发现有的简写本虽然保留语气隐喻,但是在隐喻化程度上与原著不同。例如:

(6) …and she tried to curtsey as she spoke — <u>fancy curtseying as you're falling through the air</u>! Do you think you could manage it!(原著,Carroll 1865/2008:13)

(6a) …Alice tried to bow like a lady as she spoke. <u>But can you imagine bowing as you're falling through the air</u>? Do you think you could manage it?(简写本1,Williams 2004:8)

这里描述 Alice 在掉进兔子洞的过程中,想象自己会通过这个深深的洞穿过地球的中心到达南半球,她在空中往下掉时还试图优雅地向当地人鞠躬。如果把划线部分还原为一致式,应为陈述语气。

(6b) It is difficult to bow when one is falling through the air.

原著(6)运用祈使语气,简写本(6a)使用疑问语气,均为隐喻式表达,那么哪一句的隐喻化程度更高呢?语气系统中表达信息交流功能的直陈语气(indicative)包括陈述语气(declarative)和疑问语气,与此相对的祈使语气表达物品或服务交流的言语功能(Halliday & Matthiessen,2014:23)。(6a)采用的是非疑问语气,与一致式(6b)的陈述语气同属直陈语气系统。换言之,简写本(6a)和一致式(6b)均以直陈语气来体现信息交流这一言语功能,因此简写本(6a)的隐喻化程度相对较低。而原著(6)使用原本用于表达物品/服务交流的祈使语气来体现信息交流这一言语功能,因此隐喻化程度较高。可见,虽然简写本没有将原著的语气隐喻还原为一致式,但与原著相比,其隐喻化程度已大大降低了。

然而,并非所有简写本都选择降低原著的语气隐喻化程度。例如:

(7) "…Oh, how I wish I could shut up like a telescope! …"
(原著,Carroll,1865/2008:15)

这里讲述 Alice 用金钥匙打开小门后发现里面有一座非常漂亮的花园,她希望自己能快速变小,以便顺着甬道进入花园。(7) 使用感叹语气描述 Alice 希望自己快速变小的心情,各个简写本对该小句的改写情况见表7.5。

表7.5 简写本对原著语气隐喻的不同处理方式

版本	小句(7)及其改写	语气	一致式/隐喻式	隐喻程度
原著	(7) how I wish I could shut up like a telescope!	感叹	隐喻式	—
简写本1	(7a) how I wish I could close up like a folding toy!	感叹	隐喻式	保留原著的隐喻程度
简写本3	(7b) Why can't I get smaller?	疑问	隐喻式	提高隐喻程度
简写本4	(7c) Why can't I get smaller?	疑问	隐喻式	提高隐喻程度
简写本6	(7d) Why can't I become smaller?	疑问	隐喻式	提高隐喻程度
简写本2	(7e) I would like to be smaller.	陈述	一致式	无隐喻
简写本5	(7f) I wish I could make myself smaller.	陈述	一致式	无隐喻

由表7.5可见，简写本中三种不同的改写方式分别为：保留原著的感叹语气（7a），改写为疑问语气（7b，7c，7d），以及还原为陈述语气（7e，7f）。本句描述Alice希望自己能变小以通过甬道，其一致式应为肯定的陈述语气I would like to be smaller，感叹语气和疑问语气则为隐喻式。那么就隐喻程度而言，感叹和疑问哪种语气更加接近描述事态的肯定陈述语气呢？Halliday & Matthiessen（2014：179）指出感叹是陈述语气的一种，它与肯定语气共同构成陈述语气子系统，而疑问语气与陈述语气（包括肯定陈述和感叹）一起构成更高一级的直陈语气子系统。可见在语气系统中，感叹与肯定陈述同属陈述语气子系统，在上述例子中使用感叹语气表达肯定陈述（即7，7a）要比使用否定的"WH-"疑问语气表达肯定陈述（即7b，7c，7d）隐喻化程度稍低。因此简写本对原著语气隐喻程度的改写方式包括：保留原句的隐喻程度（7a），提高隐喻程度（7b）（7c）（7d）以及还原为一致式（7e）（7f）。

7.5 讨论：简写本对概念隐喻和人际隐喻不同改写方式的动因分析

由上文分析可知，简写本对原著中人际隐喻的处理比概念隐喻更为灵活。原著的概念隐喻在简写本中大多被删减或改写为一致式，而不少语气隐喻在简写本中并没有被改写为一致式，有些简写本还增加了原著没有的语气隐喻或提高了语气隐喻的程度，原著的一致式情态表达在部分简写本中还被改写为隐喻式。下面从个体语言发展和语义潜势扩展的角度，讨论简写本选择还原概念隐喻而保留人际隐喻的原因。

幼儿语言发展经历了概括、抽象、隐喻化三个阶段（Halliday，1993/2003：349）。Painter *et al.*（2007）指出，从个体语言发展看，人们要到学科性强的中学教育阶段才逐渐开始掌握概念语法隐喻。没有概念隐喻就无法产生专业化的技术性语篇（Martin，1990）。概念隐喻使语言的抽象化和技术化成为可能，而抽象化和技术化是专业学科领域如科学语篇、历史语篇的显著特点之一。

就概念隐喻的使用与阅读难度的关系而言，包含许多概念隐喻的语篇大多面向受过大学教育、读写能力较好的读者，概念隐喻的大量使用会使大多数普通读者望而却步，而普通读者在阅读此类语篇时遇到的语言方面的问题都或多或少跟概念语法隐喻有关（Halliday & Martin，1993：41，57）。"概念语法隐喻是将人类经验从一致式重新建构为隐喻式的主要策略，从而创造出与日常生活经历不同的经验构型"（Halliday & Matthiessen，2014：718）。因此在对原著改写的过程中，简写本都选择大量删减概念隐喻或者把概念隐喻改写为一致式语法结构。这在面向低龄读者的简写本中更为明显，读者对象为少年儿童的简写本2-8中包含概念隐喻的句子数仅占总数的0-4.5%，这样做的目的是将经验意义重新还原为自然、典型的构型，以降低阅读的难度。

与概念隐喻不同，相当一部分人际隐喻在幼儿上学之前已经掌握。正如Halliday & Matthiessen（2014：709）指出，语言的人际功能创造了幼儿初识语法隐喻的环境，人际隐喻是"日常、自发会话语法的一部分，幼儿在家庭和邻近街坊的交际中经常能接触到"。从人际隐喻的语气和情态两方面看，一方面在会话中使用语气隐喻（例如用疑问语气 Can you…? 来体现命令的言语功能），可以要求对方立即做出回应；另一方面通过小句投射情态意义（例如 I think…），可以使情态选择变为显性。因此原著中较少出现的语气隐喻和情态隐喻在简写本中基本被保留，有些简写本还增加了原著没有的人际隐喻。与原著和面向成人读者的简写本1不同，面向少儿读者的简写本2–7的人际隐喻出现率高于概念隐喻，这符合个体语言发展过程中人际隐喻出现较早的特点。

另外，隐喻式和一致式在意义上并不完全等同，语法隐喻扩展了语言的意义潜势，在产生新的体现形式的同时也增加了新的意义系统（Halliday & Matthiessen, 2014：699）。例如，情态判断的隐喻式体现形式是投射小句，这在情态系统的主客观取向上增加了"显性"和"隐性"的维度，也在精密度上增加了表达不同显隐性程度的可能，从而扩展了情态意义系统。可见，人际隐喻扩展了人际语义系统，从而使说话者根据语境因素，选择有效的语言资源来建立社会角色关系并进行协商。

7.6　结语

由以上分析可见，虽然隐喻式是词汇语法层对语义层非常规的体现形式，并且在个体语言发展和语言进化的时间维度上，隐喻式都比一致式出现得晚，但在简写本中并非所有的隐喻式表达都被单纯改写为一致式。概念隐喻大多被删减和改写，目的是改变抽象化和技术化的语义体现形式，还原人类经验构型的本来面貌,以提高语篇的易读度。而相当一部分人际隐喻在简写本中得到保留甚至增加,一些人际隐喻的程度还被提高。究其原因,一方面从个体语言发展看,人际隐喻的出现比概念语法隐喻要早得多,对普通读者来说更为常见和熟悉;另一方面,人际隐喻式语法结构扩展了语言的意义潜势,使简写本体现人际协商和价值判断的语言形式更为丰富和有效。

通过比较语法隐喻在原著和简写本的使用情况,我们考察了词汇语法层和语义层之间的错位体现关系对语篇易读度的影响及其原因,希望为传统易读度研究未能解释的篇章语法结构如何影响语篇易读度的问题提供有效的借鉴。

本文所考察的原著和简写本信息如下:

原著:

Carroll, L. *Alice's Adventures in Wonderland* (first UK edition). Suffolk: Tobar Limited, 1865/2008.

简写本:

Bassett, J. *Alice's Adventures in Wonderland* (Adapted, *Oxford Bookworms Stage* 2). Oxford: Oxford University Press/ Beijing: Foreign Language Teaching and Research Press, 1994/1997.

Foulds, D. *Alice's Adventures in Wonderland* (Adapted, *Oxford Progressive Readers Level* 1). Oxford: Oxford University Press/ Shanghai: Shanghai Foreign Language Education Press, 1980/1998.

Ierace, G. *Alice's Adventures in Wonderland* (Adapted, *Black Cat Graded Readers Level* 3). Genoa: Black Cat Publishing/ Hongkong: The Commercial Press/ Shanghai: East China Normal University Press, 2000/2003/2004.

Snyder, J. *Alice in Wonderland* (*Adapted*). Seoul: YBM Sisa/ Beijing: Foreign Language Teaching and Research Press, 2005/2009.

Swan, D. K. *Alice in Wonderland* (*Adapted, Longman Classics Stage* 1). London: Pearson Education Limited / Beijing: The Commercial Press, 1988/2007.

Swan, J. *Alice in Wonderland* (*Adapted*). Singapore: Cengage Learning/ Beijing: Foreign Language Teaching and Research Press, 2004/2010.

Tomalin, M. *Alice in Wonderland* (*Adapted, Penguin Readers Level* 2). London: Pearson Education Limited/ Beijing: World Publishing Corporation, 2000/2006.

Williams, R. *Alice's Adventures in Wonderland* (*Adapted, Bedtime Reading* Ⅲ). Beijing: Aviation Industry Press, 2004.

8. 英语文学名著手稿、原著和改写本态度意义的多模态构建对比研究[①]

8.1 引言

多模态文学作品包含多种符号资源（如语言和图像），模态间互动产生的意义值得深入研究。在这些文学作品中，视觉模态与语言在"意义制造与影响读者"（Painter et al., 2013: 2）方面同等重要。现有研究对文学作品中语言和视觉符号的意义构建有了一定的探讨（Unsworth & Wheeler, 2002; Painter et al., 2013），然而对经典著作及其相关语篇（如手稿、原著和面向不同读者的改写本）多模态特征的动态变化探索甚少。Unsworth（2013: 36）指出，深入分析和理解原著及其改写本中的符号系统可以为解读同一故事情景提供全新视角，促使读者提出批判性见解，思考不同符号选择所产生的意义差异。本研究运用社会符号学分析法（Halliday, 1978; Kress & van Leeuwen, 2006）以及态度语义系统（Martin & White, 2005）对比研究英国小说《爱丽丝漫游奇境记》的手稿、原

[①] 本论文原文以英文撰写，原文发表于A&HCI和SSCI双检索期刊 *Semiotica* 2017年总第215期，作者为陈瑜敏。

著及当代改写本，考察各版本运用语言和视觉资源调节态度立场方式的异同，并探讨模态间关系的变化。《爱丽丝漫游奇境记》是享有盛誉的维多利亚时期儿童文学作品（Sigler，1997：xi），在过去的一个半世纪中，许多画家都为其不同版本绘制过插图。通过分析语言和视觉符号的意义，有望阐明各版本在面对不同目标读者群时所发生的态度意义转变，同时符号学研究也为阐释语言和视觉符号如何共同构建多模态语篇提供了可能。

8.2 多模态文学作品《爱丽丝漫游奇境记》的手稿、原著和改写本

《爱丽丝漫游奇境记》（以下简称《爱丽丝》）是英国维多利亚时代的作家 Charles Lutwidge Dodgson 以 Lewis Carroll（1832—1898）为笔名创作的一部多模态文学作品，原著出版于1865年。小说手稿（原名《爱丽丝地底奇遇记》）同样拥有丰富的语言和视觉资源，多模态特征十分明显。手稿由作者本人手写完成并亲自配上插画作为礼物送给朋友的孩子——他最喜爱的 Alice Liddell（Gardner，2000：xxiv）。原手稿共90页，包括37幅速写画，随后出版的原著由插画家 John Tenniel 绘制，共有42幅插画（Davies，1972：9-10）。

过去150多年来，这部文学经典一直为学术研究和流行文化研究提供灵感。众多研究者致力于阐释小说价值，其中不乏哲学家、文学理论家、心理分析家和科学家。小说常被认为是荒诞文学的典型，但不少人也深信故事揭示了深刻的道理和真谛（Rackin，1991：13-14）。《爱丽丝》及其相关作品经常

8. 英语文学名著手稿、原著和改写本态度意义的多模态构建对比研究

在中学或者大学的英国文学课上讲授,是除《圣经》和莎士比亚戏剧之外被世人引用最多的文学作品(Sigler,1997:xii)。各种连环画本、注释简装本和插画精装本不断出现,故事也被改编成舞台剧、芭蕾舞剧、戏剧、电影、电视剧和广告等。小说还被译成多种语言在世界各地广为流传,经久不衰(Sigler,1997:xi – xii)。

在关于《爱丽丝》中的众多美学论题中,故事插图吸引了大量学者和插画家的兴趣。这一领域的开创性研究是对比作者 Carroll 为手稿《爱丽丝地底奇遇记》所作的插画与原著插画者 Tenniel 为《爱丽丝》所作插画的异同。研究发现,Carroll 手稿插图中恐怖元素较多,而 Tenniel 将原著的插画更多设计为甜蜜美好的图案(Rackin,1976)。Tenniel 创作的插画是这部经典作品中不可分割的一部分(Gardner,2000:xxv),之后很多版本也常沿用他的配图。据统计,除了原著插画者 Tenniel 以外,还有上百位画家为各种版本的《爱丽丝》绘制过插图(Gardner,2000:307),这些画作出现在各类改写本中。这些版本面对不同年龄和阅读能力的读者,因此对文本和图像的改动不尽相同。各版本如何运用语言和视觉符号构建自发情感、道德价值和美学意识,在多模态意义构建和模态间关系上存在哪些差异,目前从语言学角度出发的研究还很少。

本文之所以选择态度意义的多模态构建作为研究重点,其中一个原因是出于对小说意义的考虑。Sigler(1997:xii)指出,《爱丽丝》一改此前童话故事的说教式风格,在儿童文学界掀起一种幻想式写作风格的热潮。正如大部分的评论家所赞赏的那样,《爱丽丝》摈弃了传统的道德说教(Gardner,2000:17),在主人公爱丽丝身上看到了儿童纯真的天性

(Kincaid，1973：92；Sigler，1997：xv)。《爱丽丝》的各类多模态文本为探究自发情感、道德价值和美学意识是如何通过语言和视觉符号进行构建提供了语料。下面将介绍本文的分析框架，重点说明话语人际意义的态度系统以及社会符号学视觉分析法。

8.3 语言和视觉态度意义的社会符号学分析法

本研究采用社会符号学多模态分析方法（Halliday，1978；Kress & van Leeuwen，2006），该分析法与系统功能语言学（以下简称 SFL）（Halliday，1994；Halliday & Matthiessen，2014）密切相关。功能语言学认为，功能在"语义系统发展"中至关重要（Halliday & Hasan，1985：17）。语言具有概念、人际和与语篇功能三大元功能，三大功能同时体现于每个言语交际的小句中。在特定的社会文化语境下，同样的意义通常可以由不同的符号模态来表达，并且共同的社会符号原则在模态内部和多模态之间也同样适用（Kress & van Leeuwen，2001：1-2）。因此，元功能概念可以从语言系统延伸至视角图像等符号系统。

评价系统是功能语言学人际意义研究的新拓展（Martin，2000；Martin & White，2005）。评价系统以功能视角为着眼点构建评价立场，包含态度、介入和极差三个子系统，分别探究语篇体现的态度意义（态度系统），价值来源的方式和联盟读者的方式（介入系统），以及所涉及情感的强度（级差系统）（Martin & Rose，2007：25）。评价理论的子系统以及各系统选项都属于语义范畴，这些语义系统的实现可以超越词汇语法结构的界限,因而不再局限于单一模态的言语交际而涵盖多模态的意义生成资源(Hood,2004:13;Chen,2010:63)。

态度系统包括三大语义次系统,即情感,评判和鉴赏,分别关注个体情绪和情感表达,对人们行为的评判,以及对语言符号和自然现象的评估,包括正面或负面态度(Martin & White,2005)。态度可以通过词汇显性地体现,作者或说话人可以运用这一手段表明自己的态度立场,如:"*Alice was beginning to get very bored*"(情感)(Bassett,1997 [1994]:2);"*the wise little Alice*"(评判)(Carroll,2015 [1865]:3);"*What a boring book*"(鉴赏)(Snyder,2005:2)。态度意义不仅能够通过词汇直接明显地"铭刻"于话语之中,也可以通过概念意义间接隐性地"引发"(Martin,2000)。态度铭刻和态度引发之间并没有明确的界线,其体现方式可以视为一个连续体(Bednarek,2006:31)。例如,在"'*What is the use of a book*,' *Alice thought*, '*Without pictures or conversation?*'"(Carroll,2015 [1865]:1)中,对书籍的负面鉴赏可以通过概念意义推断出来,表明一本没有图片和对话的书是十分无趣的。

态度系统的这三个次系统还可以进一步分成更精细的子系统。例如情感可以分为幸福/非幸福,安全/非安全和满意/非满意(Martin & White,2005)。Bednarek(2008:160-161)的进一步研究将"惊讶"作为独立的一项情感类型分离开来。本文采纳 Martin & White(2005)对情感的分类以及 Bednarek(2008)对此所作的修改,认为情感有四大范畴:幸福/非幸福,安全/非安全,满意/非满意和惊讶。Martin & White(2005)将评判系统分为社会尊严和社会约束。社会尊严涵盖规范、才干和韧性,与道德规范有关;社会约束则涉及诚实和妥当,与法律范畴相关。而鉴赏系统包含反应、构成和价值这三大子系统,用以对事物和现象进行评估(Martin & White, 2005)。

近年来基于评价系统的研究已经扩展至视觉模态的分析,如研究新闻语篇中的图像在构建总体评价立场上的作用(Economou, 2006; Bednarek & Caple, 2012; White, 2014),文字和视觉资源在多模态叙事语篇中的态度意义构建(Painter et al., 2013; Feng & O'Halloran, 2013)。但目前关于同一部文学作品的手稿、原著和改写本的对比研究,尤其是针对其中态度意义的模态间构建问题还鲜有涉及。下面将继续沿着社会符号学的分析路径对这一问题进行探索,考察多模态语篇如何运用文字和视觉资源以"铭刻"或"引发"个人情感、道德评判和美学鉴赏,并分析总体态度立场在不同版本多模态文学作品中的历时变化情况。

8.4 对比研究及分析结果

在着手分析之前,本文先界定分析文本、改写者以及各版本面向的读者群。本研究以《爱丽丝》的手稿、原著以及八部改写本的第一章"掉进兔子洞"为分析文本,探讨其中的文字和视觉图像特征,选取这一章是因为各版本都未删除这一部分的故事情节。八部改写本均为多模态语篇,作者均为英美国家当代作家。根据书中前言对目标读者的归类,八部改写本可以分成三个级别:①高级水平(面向大学生的改写本 A);②中级水平(面向中学生的改写本 B, C, D);③低级水平

(面向小学生和儿童的改写本 E,F,G 和 H)。

8.4.1 手稿、原著和改写本态度意义的语言体现方式比较

分析表明,手稿和原著利用语言资源体现态度意义的手段大体相似,但改写本体现态度意义的方式却迥然不同。实现情感、评判和鉴赏的语言资源的数量和比例如表 8.1 所示。

表 8.1 各版本第一章"掉进兔子洞"中态度资源的数量及比例

版本		作者	情感	评判	鉴赏
手稿/原著		Carroll	22 (34.92%)	6 (9.52%)	35 (55.56%)
高级水平改写本	A	Williams	29 (35.37%)	11 (13.41%)	42 (51.22%)
中级水平改写本	B	Bassett	11 (29.73%)	2 (5.41%)	24 (64.86%)
	C	Tomalin	9 (36%)	2 (8%)	14 (56%)
	D	Ierace	6 (31.58%)	0 (0%)	13 (68.42%)
低级水平改写本	E	Stuart	10 (40%)	0 (0%)	15 (60%)
	F	Snyder	1 (16.66%)	0 (0%)	5 (83.33%)
	G	Swan	3 (37.50%)	0 (0%)	5 (62.50%)
	H	Hummel	2 (28.57%)	0 (0%)	5 (71.43%)

由表 8.1 可知,手稿/原著中的鉴赏资源比例最高

(55.56%),而大部分改写本使用鉴赏的频率更高(51.22%~83.33%)。针对高级阅读水平的改写本提高了评判资源的使用量,而中低级改写本中评判的使用大幅缩减(0%~8%)。情感方面,大部分改写本情感资源所占比例与手稿/原著一致。可见,改写本通过强化鉴赏、模糊评判和保留情感对原著进行改写。下面将探究原著与改写本体现态度意义的不同方式。

8.4.1.1 情感和鉴赏

情感和鉴赏两大系统密切相关,对事物和事件的鉴赏通常会融入评价者的个人情感,因此将这两大范畴一起考察。以下例子中,显性的铭刻式态度用黑体标示,隐性的引发式态度则用下划线标明。

(1a.) Alice was beginning to get ***very tired*** of sitting by her sister on the bank, and of having nothing to do: once or twice she had peeped into the book her sister was reading, but it had no pictures or conversation in it, and <u>where is the use of a book</u>, thought Alice, <u>without pictures or conversation</u>?

(Carroll, 1864: 2)

(1b.) Alice was beginning to get ***very tired*** of sitting by her sister on the bank, and of having nothing to do: once or twice she had peeped into the book her sister was reading, but it had no pictures or conversation in it, "and <u>what is the use of a book</u>," thought Alice, "<u>without pictures or conversation</u>?"

(Carroll, 2008 [1865]: 10)

例(1a)和(1b)分别为手稿和原著中的第一段,讲述爱丽丝的姐姐正读着一本没有任何插图和对话的书,而爱丽丝无所事事,对此感到无聊至极。心理过程"get very tired of"

的显性态度词汇"tired"表明爱丽丝无聊的情感状态,前置修饰语"very"加强了语气程度。这个例子中,爱丽丝的负面情感是对"having nothing to do"和"it(the book)had no pictures or conversation"的情绪反应。而使用引发态度意义的概念标记进一步强化了显性铭刻。例如,爱丽丝内心的想法"What(where)is the use of a book…without pictures or conversation?"作为概念标记,引发负面鉴赏,强化了无聊低落的情绪。因此,在原著中显性的情感表达和隐性的鉴赏引发相互呼应,建立起消极评价的韵律模式,反衬之后爱丽丝看到拿着手表的兔子时的激动情绪。八部改写本对首段的改写情况如下。

(2a.) It was the middle of the day one summer when Alice, sitting *lazily* at the edge of the river bank with her sister, became ***very tired***. There was nothing happening and nothing to do. A couple of times she stole a quick look at the book her sister was reading, but it ***wasn't very interesting***, as it had ***no*** pictures to look at or ***interesting*** conversations to follow. "And what's the use of a book," thought Alice, "without pictures? What's a book if there is no conversation?"

(Williams, 2004: 2)

(2b.) Alice was beginning to get ***very bored***. She and her sister were sitting under the trees. Her sister was reading, but Alice had nothing to do. Once or twice she looked into her sister's book, but it had no pictures or conversations in it. "And what is the use of a book," thought Alice, "without pictures or conversations?"

(Bassett, 1997 [1994]: 2)

(2c.) Alice and her big sister sat under a tree one sunny

day. Alice's sister had a book, but Alice had nothing with her. She looked at her sister's book. There were no pictures or conversations in it. "Why is she reading a book without pictures or conversations?" she thought. "I'm ***bored***. I know! I'll look for some flowers." Then she thought, "No, it's ***too hot*** for that and I feel ***sleepy***."

(Tomalin, 2006 [2000]: 1)

(2d.) Alice has nothing to do. She looks at her sister's book. There are no pictures in it. "And what's the use of a book without pictures?" Alice thinks. It is ***very***, ***very hot***. Alice is ***sleepy***.

(Ierace, 2004 [2000]: 16)

(2e.) Alice felt ***too sleepy to play***, and there was nobody to play with. It was a hot afternoon, so she was sitting in the garden under a tree. Her sister was sitting beside her, but she was reading a book. Alice looked at the book. There were no pictures in the book, and Alice ***didn't*** like books without pictures.

(Stuart, 2007 [2005]: 4)

(2f.) Alice sat next to her sister. Her sister was reading a book. "***What a boring book***! It has no pictures or dialogue," said Alice. It was ***very hot***. She was getting ***sleepy***.

(Snyder, 2009 [2005]: 2)

(2g.) This is the story of a little girl called Alice. Alice ***wanted*** to go to a place called Wonderland. "Wonderland is ***not a real place***," said Alice's sister, but Alice ***still wanted*** to go there. One day Alice and her sister went for a walk in the forest. When they were ***tired***, they sat down under a tree. "Will you tell me a story?" Alice asked her sister. Her sister opened her book and started to read. But Alice knew the story and she was ***bored***.

(Swan, 2010 [2004]: 2)

(2h.) It's a sunny spring day in the park. Alice sits in a tree. Her sister reads a book. Alice makes a flower necklace. She is ***bored***. She ***wishes to*** visit a world of her own.

(Hummel, 2012: 2)

所有改写本均运用显性铭刻体现了爱丽丝的情感，这与原著大致相似（如"sitting lazily"，"became very tired"，"get very bored"，"bored"，"feel sleepy"，"sleepy"，"felt too sleepy to play"，"getting sleepy"，"tired"，"bored"）。一些改写本，如（2c）（2d）（2e）和（2f）额外添加了对天气的鉴赏（如"too hot"，"very, very hot"，"a hot afternoon"，"very hot"），进一步烘托爱丽丝的无聊情绪。而另一方面，鉴赏在不同的改写本中的体现方式却大相径庭。中级改写本（2b）（2c）和（2d）只使用隐性鉴赏来暗示爱丽丝对她姐姐所读书本的负面评价（如"And what is the use of a book…without pictures or conversations?"，"Why is she reading a book without pictures or conversations?"，"And what's the use of a book without pictures?"）。适宜高级阅读水平的改写本（2a）既采取了铭刻式的显性表达（如"wasn't very interesting"，"no interesting conversations"），也使用了引发式的隐性表达（如"And what's the use of a book… without pictures? What's a book if there is no conversation?"）。而在面向低龄儿童的改写本中，体现爱丽丝态度的方式更为多样，改写本（2e）和（2f）分别采用显性情感陈述"Alice didn't like books without pictures"和显性鉴赏表达

"What a boring book!"阐明爱丽丝对书本的态度；（2g）和（2h）则大幅度改写了原故事的被评价者，用"a place called Wonderland"和"a world of her own"取代原著的"the book without pictures or conversations"作为情感触发物。对奇境的态度体现方面，包括爱丽丝的正面情感"wanted to go"，"still wanted to go"和"wishes to visit"以及她姐姐的负面鉴赏"not a real place"。

通过分析发现，原著和改写本处理情感和鉴赏的方式迥异。原著中显性情感在改写本中得到保留，一些改写本还加入原著中不存在的鉴赏表达（如对燥热天气的鉴赏）进一步阐明铭刻式的情感。因此大多数改写本的鉴赏资源数量均大于原著（见上表8.1）。然而，原著中的隐性鉴赏（如爱丽丝对书本的鉴赏）在面向不同目标读者的改写本中改写差异明显。针对高级阅读水平的改写本兼用显性铭刻和隐性引发，中级改写本仅沿用了原著的隐性表达。而面向儿童的改写本表达态度意义的方式十分多样，包括显性鉴赏、显性情感反应，甚至包括对被评价者的改写。

态度投入量（Hood，2008）可用于解释态度意义的体现程度。显性铭刻、隐性"旗示"和隐性"致使"可视为一个连续体，其中"旗示"指的是使用低频词示意读者隐性的态度意义，而"致使"是指通过概念意义暗示读者态度意义（Martin & White，2005：61-67）。Martin（2008）指出，显性铭刻的态度意义投入量比隐性旗示和致使大，而旗示又比致使的投入量高。由上述分析可知，原著仅使用概念意义间接地暗示爱丽丝对书本的鉴赏，属于低态度投入量。而改写本则使用显性词汇（如2f）或者显隐性相结合的方式（如2a）表达态度,因此比起原著,改写本态度意义的投入量更高。

8.4.1.2 评判

除了情感和鉴赏外,评判是态度系统中的另一个子系统,用于评价人们的品德和行为。虽然原著的评判资源所占比例与情感和鉴赏相比较小(见上表8.1),但这些评判资源的改写在构建总体态度立场上十分重要。

(3a.) It was ***all very well to*** say "drink me," "but I will look first," said the wise little Alice.

(Carroll,1864:7)

(3b.) It was ***all very well to*** say "Drink me," but the wise little Alice was ***not*** going to do that ***in a hurry***.

(Carroll,2008 [1865]:16)

手稿/原著故事中,爱丽丝想要变小以便穿过小门进入花园,她发现了一瓶贴着"喝我"标签的魔法药水。例(3a)和(3b)讲述爱丽丝并不急于喝下它,而是经过深思熟虑之后才浅尝一口,并最终变小。原著使用修饰语"wise"和环境成分的方式"not… in a hurry"表明评判态度,属于社会尊严范畴,显性地对爱丽丝行为做出评判。其中"wise"是对她做事能力的正面评判,"not… in a hurry"属于对坚韧品性的正面评判,表明爱丽丝的小心谨慎。"all very well"这一鉴赏表达紧接让步连接词"but",肯定了后句描述,进一步加强了评判力度。这两句在八部改写本中的改写如下。

(4a.) It was ***all very well*** for a bottle to have a sign that said, "DRINK ME," but Alice was ***not a foolish girl*** and ***didn't think it wise*** to do such a thing in a hurry.

(Williams,2004:14)

(4b.) Round the neck of the bottle was a piece of paper with the words DRINK ME in large letters. But Alice was a *careful* girl. "It can be *dangerous* to drink out of *strange* bottles," she said.

(Bassett, 1997 [1994]: 6)

(4c.) That bottle had "DRINK ME" on it in large letters. Alice looked at it *carefully*.

(Tomalin, 2006 [2000]: 3)

(4d.) It says: "DRINK ME". "Perhaps it's *dangerous*," Alice says.

(Ierace, 2004 [2000]: 18)

(4e.) Alice read these words: DRINK ME. So she did.

(Stuart, 2007 [2005]: 12)

(4f.) Then Alice found a bottle with the words "DRINK ME" on it. She drank from it.

(Snyder, 2009 [2005]: 4)

(4g.) The note said DRINK ME. Alice drank and she started to get smaller and smaller and smaller.

(Swan, 2010 [2004]: 6)

(4h.) The door tells Alice to drink from a *magic* bottle. The drink makes Alice small.

(Hummel, 2012: 9)

出于目标读者需要的考虑，改写本差异较大。针对高级阅读水平改写的（4a）保留了原著对能力和韧性的评判，如"didn't think it wise…in a hurry"，并且正面鉴赏"all very well"之后也紧接让步成分，此外还增加"not a foolish girl"作为对能力的评判，进一步强化对爱丽丝行为的正面评价。与（3a）（3b）和（4a）不同，中级改写本（4b）（4c）和（4d）大大减少了评判的使用，只有（4b）和（4c）分别使用了评判韧性的词语"careful"和"carefully"。此外，对瓶子的负面鉴赏（如"dangerous"和"strange"）与单一的评判资源共同表达态度意义，肯定爱丽丝对来路不明的瓶子保持质疑的行为。而符合儿童阅读水平的（4e）（4f）和（4g）和（4h）删去了所有的评判资源，丝毫未提及爱丽丝喝下药水前的内心挣扎和小心谨慎的态度，而是直接跳至爱丽丝很快喝下药水的情节。（4e）甚至使用连接词"so"，说明爱丽丝看到贴着"喝我"标签的瓶子和她喝下药水之间有着直接因果关系。（4h）则进行了大幅改写，叙述了爱丽丝喝下药水并非出于自己的决定，而是因为会说话的门告诉她，并且加入正面鉴赏"magic"，增强对爱丽丝这一行为的正面评价。

由表8.1可知，评判数量只在面向高级阅读水平的改写本中（13.41%）大于原著（9.52%），这类改写本保留并增加了原著大部分的评判资源，强化态度韵律。而中级改写本中，评判的使用数量骤减（0%～8%），删除了对能力的评判，仅保留部分对韧性的评判。面向儿童的改写本中未出现评判（0%），取而代之的是鉴赏和情节的删减。

8.4.2 手稿、原著和改写本首张插图的态度意义比较

作为多模态文本，《爱丽丝》的手稿、原著和改写本中的视觉符号资源十分丰富。除了改写本C和D外，其余均选用与原著不同的新插图，这些图像数量有别，风格迥异。手稿和原著的第一章画有三张插图，而改写本的插图数量从一张

（改写本 A 和 B）至六张（改写本 E 和 G）不等。虽然第一张插图在各版本的故事伊始就出现了，但是配图内容以及体现的态度意义却各不相同。表 8.2 比较了各版本首张插图的被评价者和图像体现的态度意义，以及插图人物铭刻式态度类型。

表 8.2　各版本首张插图的被评价者及态度意义比较

版本	插图人物	态度意义	
手稿（图 8.1）	爱丽丝，爱丽丝的姐姐	铭刻式情感	爱丽丝的姐姐：对书本着迷 爱丽丝：非满意
原著（图 8.2）	白兔先生	铭刻式情感	白兔先生：非安全
改写本 E（图 8.3）	爱丽丝，白兔先生	铭刻式情感	爱丽丝：惊讶，对白兔感兴趣 白兔先生：非安全
改写本 F（图 8.4）	爱丽丝，爱丽丝的姐姐，白兔先生	铭刻式情感	爱丽丝的姐姐：对书本着迷 爱丽丝：惊讶，对白兔感兴趣 白兔先生：非安全
改写本 G（图 8.5）	爱丽丝，爱丽丝的姐姐，白兔先生	铭刻式情感	爱丽丝的姐姐：对书本着迷 爱丽丝：惊讶，对白兔感兴趣 白兔先生：非安全
改写本 H（图 8.6）	爱丽丝，白兔先生	铭刻式情感	爱丽丝：惊讶，对白兔感兴趣 白兔先生：非安全

手稿首张插图（见图 8.1）与 8.4.1.1 分析的文本（1a）内容相符，围绕爱丽丝和姐姐展开，插图表达的态度意义通过

画中人物的情感来体现。插图中爱丽丝嘴角向下弯曲,十分不悦,而姐姐则目光专注,饶有兴趣地读书。爱丽丝的负面情感和姐姐对书本的着迷直接明了地展现了出来,其中爱丽丝和姐姐是情感感受主体(指有意识地经历情感体验的介入者),阅读这一行为是情感触发物(指引起情感的现象)(Martin & White,2005:46)。

图8.1 手稿首张插图[摘自《爱丽丝地底奇遇记》p.2. 获大英图书馆在线画廊使用许可]

在正式出版的原著中,第一张插图(见图8.2)传达的态度意义与手稿差异很大。图8.2描绘的不再是人物形象,而是拿着手表还能说话的白兔先生。兔子睁大眼睛,直直地盯着手表,还一边喊着"Oh dear! Oh dear! I shall be too late!"(Carroll, 2008 [1865]: 10),显性体现了焦急情绪。除了铭刻式情感外,图8.2也间接地引发了意向读者的态度反应。画中白兔先生行为奇异,不仅站立行走,甚至还从它的西服马甲口袋里拿出一块怀表。这些非同寻常的外表和动作意图抓住读者的注意力并激发读者的惊讶反应。Martin & White(2005:57)指出,鉴赏系统中的反应与情感的心理过程有关(如emotive——"it grabs me")指向人际意义。吸引眼球的兔子形象激发了读者的惊讶反应,也有助于理解随后故事里爱丽丝"burning with curiosity"和"run(ning)across the field after it"的反应和行为。

图8.2　原著首张插图［摘自《爱丽丝漫游奇境记》p.11.获大角星出版有限公司使用许可］

接下来分析各改写本的首张插图。这些图像似乎结合了手稿和原著两者的插图特点,选择爱丽丝和白兔先生作为图画人物。但进一步分析发现,这些插图体现的态度意义并不相同。手稿(图8.1)着重刻画爱丽丝悠闲地坐在姐姐身边的情景,而改写本插画却描绘了故事里的其他场景,如爱丽丝看见白兔先生时的情形。因此与图8.1显性体现的无聊情感不同,图8.3—图8.6更多传达出爱丽丝的惊讶情感,从她张大的嘴巴(如图8.3—图8.6),上扬的眉毛(如图8.3和图8.6),睁大的双眼(如图8.3—图8.6)和抬高的手臂(如图8.4和图8.6)中可见一斑。惊讶这一态度意义相对中性,在特定语境中才构建为正面或是负面的情感(Bednarek,2008:165)。在随后的故事里,爱丽丝追赶着白兔先生穿过田野,惊讶而兴奋,传达出正面情感。插图8.6甚至还把追赶兔子的动作和表情描画了出来。一些改写本插图(如图8.4和8.5)选择保留原著插图的基本特点,尽力刻画爱丽丝姐姐专注的神情和兔子独特的外表,通过视觉图像传达出爱丽丝姐姐对书本的着迷以及兔子非安全的情感。

图8.3 改写本E首张插图[摘自《爱丽丝漫游奇境记》(改写本)p.5. 获韩国多乐园出版社使用许可]

图8.4 改写本F首张插图[摘自《爱丽丝漫游奇境记》p.2. 获韩国YBM/Si-sa公司使用许可]

图 8.5 改写本 G 首张插图 [摘自《爱丽丝漫游奇境记》 p.3. 获圣智学习出版公司使用许可]

图 8.6 改写本 H 首张插图 [《爱丽丝漫游奇境记》 p.6. 获迪斯尼企业公司使用许可]

通过对视觉图像进行对比分析,发现在爱丽丝、爱丽丝姐姐和兔子先生三个插画人物中,只有主人公爱丽丝的态度意义发生了转变。Martin & White(2005：46-52)指出,划分情感需要考虑六个因素：情感是正面还是负面的；情感实现途径是通过外在行为动作还是内在心理过程；情感是针对某个特定触发物被动引发还是没有针对性的自然流露；情感触发物是当前真实的还是预期非真实的;情感子范畴(幸福/非幸福,安全/非安全,满意/非满意和Bednarek[2008]扩充的惊讶)以及情感的程度。基于此分类,可以进一步对比各个版本插图中爱丽丝的人物形象,归纳如表8.3所示。

表8.3 各版本首张插图中爱丽丝的视觉图像比较

爱丽丝图像	版本及图例	情感类型					
		正面/负面	实现途径	被动反应/自然流露	触发物	情感子范畴	程度
	手稿(图8.1)	负面	内在心理过程	自然流露	当前真实触发物	非满意	中
	改写本E(图8.3)	正面	外在行为动作	被动反应	当前真实触发物	满意	中
	改写本F(图8.4)	中性	外在行为动作	被动反应	当前真实触发物	惊讶	高
	改写本G(图8.5)	正面	外在行为动作	被动反应	当前真实触发物	满意	中
	改写本H(图8.6)	正面	外在行为动作	被动反应	当前真实触发物	满意,高兴	高

如表8.3所示,爱丽丝的情感在手稿(图8.1)中的视觉呈现是负面的,属于自然流露的主观意图,是出于对当前触发

物即"having nothing to do"的反应。图8.1中爱丽丝嘴角稍向下弯，表现出中等程度的不满意情感。而在改写本中，爱丽丝的情感多为中性或正面，包括她看到白兔先生时的惊讶神情（图8.4和图8.5）以及对它的极大兴致（图8.3和图8.6），分别通过面部表情（图8.3和图8.5）显露，惊讶（图8.4）和高兴（图8.6）的情感则借助行为动作体现，这些情感是看到白兔先生这一触发物的反应。根据铭刻式情感的力度不同，爱丽丝的情感程度呈现从中级到高级变化，包括中等程度的满意（如图8.3和图8.5中微张的双眼和低垂的下颚表明爱丽丝的兴致和惊奇），高程度的惊讶（如图8.4爱丽丝伸出双臂，张大嘴巴，眼睛瞪地溜圆表明惊愕），以及高程度的满意（如图8.6愉悦的面部表情和激动的动作表现兴奋的情绪）。

8.5 讨论

通过分析发现，改写本为了满足不同读者群的需求，在实现态度意义的语言和视觉表达上与手稿和原著差异较大。在语言方面，改写本保留了原著大部分的情感表达，增加了鉴赏的内容，略去或者是使用新内容替代评判。此外，面向不同读者群体的改写本态度意义的体现方式（如显性铭刻或隐性引发）也各不相同。针对高级阅读水平的改写本利用隐性引发与显性铭刻共同表达态度韵律，而适合低龄阅读者的改写本试图使用显性态度词汇代替隐性标记，甚至改写被评价者从而改变态度意义的选择和正负极性。

各改写本之所以采用不同的语言态度资源，这与读者需求密切相关。针对中等阅读水平和低龄阅读者的改写本往往添加

8. 英语文学名著手稿、原著和改写本态度意义的多模态构建对比研究

显性鉴赏资源，进一步解释铭刻式情感发生的原因。这类改写本运用情感和鉴赏共同表达总体态度立场，有望帮助读者更好地理解故事情节。在面向儿童的改写本中，改写程度更高，不仅将隐性态度表达显性化，还大幅更改被评价者（如用爱丽丝对奇境的正面情感替换了手稿/原著中爱丽丝对书本的负面鉴赏）。这样的替换加快了情节发展，在故事伊始就涉及有关奇境的内容主题，与书名《爱丽丝漫游奇境记》之间建立起词汇衔接纽带，有助于低龄读者对故事的理解。面向儿童的改写本还大量缩减评判资源的数量，进一步突显《爱丽丝》小说"摒弃道德说教"（Sigler，1997：xii）的特征。

就视觉图像而言，原著和改写本描绘的人物形象和表达的态度意义不尽相同。在插图人物选择上，所有改写本均描绘了主人公爱丽丝和白兔先生的形象，而手稿和原著仅取其一。这与不同版本的写作目的有关。正如 Carroll 在手稿扉页中写道"给最亲爱的孩子的圣诞礼物，纪念那个盛夏"，表明手稿是作者送给朋友 Alice Liddell 的礼物，并以此命名故事主人公，因此手稿插图（图 8.1）侧重刻画爱丽丝的个人情感。与此相反，由于原著出版稿面对的是大众读者，插图详尽描绘与众不同的白兔现实形象能够激发鉴赏反应，以便顺应接下来情节的发展（比如白兔先生过于奇异的外表激发了爱丽丝的好奇，以致爱丽丝跟随它进入地下奇境）。而改写本有意缩减和简化某些情节，因此与手稿和原著相比，会尽可能在一张图片中提供更多信息（如把爱丽丝和白兔先生同时呈现在同一幅图中）。

就视觉铭刻的态度意义而言，各改写本基本保留了爱丽丝姐姐的情感和兔子的非安全情绪，但主人公爱丽丝的情感变化

却很大。有别于手稿插图显性呈现爱丽丝的负面情感,改写本面向更广的读者群,通过对情感触发物的描绘,展现出爱丽丝好奇而兴奋的形象,从而构建正面的态度韵律模式。

另外,手稿、原著和改写本中构建态度韵律的图文关系截然不同。手稿插图主要利用视觉情感补充文本中数量相对较少的情感资源(如表 8.1 所示,情感占 34.92%),而原著倾向于利用白兔先生的形象激发视觉鉴赏,从而强化文本中占主导地位的鉴赏资源(如表 8.1 所示,鉴赏占 55.56%)。各改写本则采用爱丽丝的情感铭刻和由白兔形象引发的视觉鉴赏共同体现态度立场。因此可以推断,在构建整体态度立场上,手稿的图文之间是互补关系,原著出版稿的图文关系是增强关系,而各改写本中的图文符际关系为共现(Martin, 2008)。手稿插图中爱丽丝在视觉上呈现出负面的铭刻式情感,而在各改写本中转变为正面或中性,这减弱了文本开头传达的负面情绪,巩固了正面情感。以上分析为解释多模态资源在意义构建过程中如何相互加强(Martin, 2004: 298),或用 Lemke(1998)的话说,模态间的意义相乘关系如何产生提供了一条路径。

8.6 结语

本文通过对比《爱丽丝漫游奇境记》的手稿、原著和八部改写本(分别面向高、中、低级别读者)共十个语篇,探讨多模态文学作品的态度意义构建的差异。改写本为了满足不同读者群的需求,在实现态度意义的语言和视觉表达上与手稿/原著差异较大。语言层面上,改写本通过强化鉴赏、模糊评判和保留情感对原著的态度意义进行改写。除了保留原著的显性情感以外，还加入原著中不存在的鉴赏表达来进一步阐释情感发生的原因。在隐性鉴赏上，面向不同读者的改写本差异明显，针对高级阅读水平的改写本兼用显性铭刻和隐性引发，中级改写本基本沿用原著的隐性表达，而面向儿童的改写本表达方式更为多样，包括以显性态度词汇代替隐性标记，甚至改写被评价者从而改变态度意义的类型和正负极性，此类改写推进了情节发展，与全书主题"漫游奇境"建立起词汇衔接纽带，有助于加强低龄读者对故事的理解。在态度投入量方面，原著仅使用概念意义间接地暗示鉴赏，属于低态度投入量，而改写本更多使用显性铭刻或者显隐性相结合的方式表达态度，态度意义的投入量更高。评判资源方面，仅高级阅读水平改写本保留原著的评判资源并增强态度韵律，中级改写本评判资源的使用骤减，而面向儿童的改写本并未出现评判表达，取而代之的是鉴赏和相关情节的删减。可见，面向低龄儿童的改写本摒弃道德说教、尊重儿童情感的特征更为明显。

文本所对应的插图在手稿、原著和改写本中也大相径庭，各版本对插图的不同处理与写作目的有关。作为私人礼物的手稿侧重刻画爱丽丝的个人情感，面向大众读者正式出版的原著插图则描绘行为奇特的白兔先生，使用情感铭刻和鉴赏引发体现态度意义，为后续情节发展作铺垫。改写本插图呈现的信息比手稿和原著更为丰富，这与其缩减和简化某些情节有关，所体现的态度意义也由手稿的负面情感转变为正面鉴赏，情感强度也由弱转强。

进一步比较手稿、原著和改写本的图文关系差异发现，在利用语言和图像共同构建态度韵律时，手稿主要使用视觉情感补充语言比例较低的情感资源，图文关系为互补（complementarity）。原著则运用视觉鉴赏资源来强化语言中占主导的鉴赏资源，图文关系为增强（enhancement）。改写本则采用情感铭刻和视觉鉴赏共同体现总体态度立场，图文关系为共现（co-instantiation）。

　　视觉资源是多模态文学作品中不可或缺的一部分，本文运用语言学和符号学方法，对比分析经典文学作品的手稿、正式出版的原著，以及当代改写本态度意义的多模态构建方式，阐明语言和视觉符号之间如何互补、强化和共现态度意义。对同一文学作品的语言学和符号学特征进行历时对比研究，可以深化对文学作品分析的认识，并揭示符号模态之间互动的历时变化趋势，有望为语篇分析中的图文关系研究提供新的路径。

9. 现代改写本对中国古代寓言的重构：功能语篇分析视角[①]

9.1 引言

中国古代寓言是一种历史悠久、结构简短的文学体裁，其蕴含的道德启示和生活智慧对当今语言交际仍具有深刻意义。由于许多古代寓言已演变为现在普遍使用的成语，因此理解寓言故事对于准确把握和正确使用中国成语十分重要。凡有来源、出处的成语，追本溯源，往往有一个历史故事作为背景，约定俗成，古为今用（罗竹风，2007：8）。然而，由于古代寓言是用文言文写成，在词汇语法方面与现代汉语有一定差异，因此市场上出现了不少满足当代普通读者阅读需求的现代改写本。改写本对故事重构与原文有何不同？语义上的变化是如何影响改写本中的句法体现方式？古代文言文到现代白话文的发展以及读者的需求是如何影响古代寓言的现代化的？通过语言学层面的文本分析，我们将考察现代改写本对古代寓言的重构，并探讨不同改写的原因。

本研究在系统功能语言学（Halliday & Matthiessen, 2014;

[①] 本论文原文以英文撰写，原文发表于 A&HCI 和 SSCI 双检索期刊 *Social Semiotics* 2017 第 27 卷第 2 期，作者为陈瑜敏。

Martin & White，2005）尤其是其中的及物系统、投射和评价系统框架内，考察如何运用语言资源构建原著和改写本的经验意义和态度立场。近年从语言学角度对比原著和改写本的研究主要集中于英语文学作品，包括语义与语法之间的错位体现关系研究以及语法隐喻对原著和简写本易读度的影响（陈瑜敏、黄国文，2014），原著和简写本关于词项密度和语法复杂度的语言复杂性研究（黄国文、刘衍，2015），以及语言和图像如何构建多模态手稿、正式出版的原著和后续改写本的态度立场（陈瑜敏，2017）。而对汉语语篇，尤其古代文言文语篇及其现代改写本语言特征的研究仍相对较少。本研究主要考察现代改写本如何重构古代寓言的经验意义和态度立场，对比两者的区别，并揭示影响语言特征的语境因素。

9.2　中国古代寓言及其现代改写本

汉语中的"寓言"一词由两个汉字构成。"寓"指的是以一种隐含的方式进行解释，而"言"指的是言语。因此，"寓言"是指用虚构的具体故事来形象地表达某一抽象的哲理（Wu，2011：5）。中国古代寓言盛行于春秋（前770—前476）战国时期（前475—前221），当时的社会正经历着急剧的变革，各个思想流派提出各种政治主张和哲学理念。各派思想家为了阐明自己的观点、宣传自己的主张，常常借助浅显的寓言来表达深奥的道理（孟长勇，2007：1）。一方面，从我国古代寓言我们可以了解中国古代思想史，许多先秦时期的寓言家都是世界著名的思想家。另一方面，我国古代寓言作为有影响的文学体裁，为理解当代中国成语提供了一个重要途径，目前广泛使用

9. 现代改写本对中国古代寓言的重构：功能语篇分析视角

的许多成语均源于古代寓言故事（罗竹风，2007：7-8）。

就文体特征而言，中国古代寓言在寓意、叙事和文体上与起源于希腊的欧洲寓言和南亚/中东寓言不同。欧洲寓言主要讽刺社会不平等现象，印度/中东寓言往往带有宗教寓意，而中国古代寓言旨在提出政治主张和哲学思想（Chen，2010：38）。欧洲寓言利用诗歌形式描述拟人化动物的故事，印度/中东寓言采用散文和诗歌形式描写拟人化动物和人类的故事，而中国/东亚寓言主要关注人类故事，尤其是历史故事，并且大多采用散文形式而非诗歌形式（Chen，2010：39）。

就语言特征而言，汉字的书写并不是用字母表示而是用语素来表示（Poole，1999：181）。因为汉字不是拼音文字，文字与声音的关系很松散，很早就出现了言、文分离的局面；口语不断随时代变化，而文字却基本上岿然不动（陈平原，2002：17）。白话的"白"是说的意思，"话"指所说的话，因此白话就是口头语言的意思；文言则指的是只见于文而口头不说的语言。文言在先秦口语的基础上形成之后，其形式就固定下来，在漫长的发展过程中，基本的词汇、语法、修辞体系等没有大的改变；而口语的变化则快得多，到了明清尤其是近代，口语与文言几乎成了两个不同的表述系统。近现代文白之争的最终结果是白话取代文言，成为现代汉语的书面语（赵炎秋，2011：113）。

寓言在东西方文化交流上发挥重要作用，中国古代寓言先于其他文学形式被引入欧洲（Chen，2010：30）。在当下，中国寓言也正被广泛地应用到母语者和非母语者的汉语教学中。对古代寓言及其现代改写本的对比研究，有助于了解原著故事是如何在现代文本里重构的。在具体分析之前，将介绍和解释本研究理论框架——系统功能语言学。

9.3 理论框架

系统功能语言学强调在社会语境中研究语言，它关注语言功能，不仅解释语言有哪些功能，还探究语言结构如何根据其功能进行组织（Halliday, 1973, 1978）。因此，在系统功能语言学视角下，语言运用通常被认为是"具有功能的、语义特征的、联系上下文语境、并且含有符号意义的"（Eggins, 2004：3）。

语言是由语义、词汇语法和音系构成的层次系统，两两毗邻的层次之间是体现关系。语义在语言系统里处于最高层次，与语境相联。在语义层，概念、人际和语篇意义同时构建，在词汇语法层通过及物性系统、语气和评价、主位结构来体现（Halliday & Matthiessen, 2014; Martin & White, 2005）。

本研究分析的重点是经验构建和人际互动，即"语言运用的两个普遍目的"（Halliday, 1994：xiii）。概念功能下的经验意义再现外部世界和个体意识的过程。在词汇语法层，及物系统把一系列事件构建为包括过程类型、参与者和环境成分（如时间、空间、原因和方式）的结构（Halliday & Matthiessen, 2014：213）。六种过程类型分别是物质、行为、心理、言语、关系和存在过程，每一种过程类型均为进入更为精密的及物系统的入列条件。各个过程类型的小句"为语篇中的经验解释做出独特贡献"（Halliday & Matthiessen, 2014：219）。

言语会话是本研究的关注的另一个重点，言语过程与投射密切相关。投射是指通过一个小句投射出另一个小句，被投射的小句可以是话语（如某人说的话）或者是思想（如某人的想法)(Halliday & Matthiessen, 2014)。从小句间的相互依赖关系出发,可分为引述原话的并列投射和间接引述的从属投射,即传统上所说的直接引语和间接引语。此外,言语功能(投射命题和提议)也是区分不同类型投射的另一个维度。正如 Halliday & Matthiessen (2014:510) 指出,引述原话的并列投射包括更大范围的言语功能,而间接引述的从属投射则"减少投射的对话特征"。

另一方面,人际功能关注如何用语言进行人际交往、建立和保持社会关系,表达自己的态度,以及影响别人的看法和行为。现有研究集中于语气、情态和评价的范畴下人际互动和情态表达(Halliday & Matthiessen, 2014;Martin & Rose, 2007;Martin & White, 2005)。系统功能语言学中的评价系统(Martin, 2000;Martin & White, 2005)研究"语篇中协商的各种态度、所涉及情感的强度以及价值来源的方式和联盟读者的方式"(Martin & Rose, 2007:25)。态度系统包括三个语义范畴,即情感、判定和鉴别,分别涉及情感和个人感受的表达、对人类行为和道德品格的判定,以及对符号或自然现象的评价(Martin & White, 2005)。评价系统中的每一个子系统都有自己的子分类,而且所有的选择都是"超越词汇语法结构的语义选择"(Hood, 2004:13-14)。态度可以由明确铭刻态度立场的显性词汇体现,也可以通过隐性引发态度意义的概念标示体现(Martin, 2000)。Bednarek (2006:31) 指出,态度铭刻和态度引发之间并没有明确的界线,态度意义的铭刻和引发体现方式可以视为连续体的两端。

系统功能语言学重视社会语境,"作为社会符号的语言"(Halliday, 1978)揭示了意义实践和社会语境之间的密切联系。Eggins（2004：87）阐明了语境如何在语篇体现，语篇向外指向语境并且依靠语境进行解释，因为"我们总是在文本里找到语境的痕迹"。

9.4 研究对象

本文的分析对象为战国时期的寓言故事，战国时期是寓言的黄金时代，当时百家争鸣，各思想流派运用寓言阐述并宣传其政治主张。本文选取其中战国时期的两个寓言进行详细分析，分别是"刻舟求剑"（Marking the boat to look for the sword）和"守株待兔"（Waiting by a stump for a hare to turn up）。相应的现代改写本分别面向我国中小学生（以下称 AV-b）和海外汉语学习者（以下称 AV-a），改写本的作者均为母语为汉语的当代作家。

9.4.1 分析对象

所选的两个寓言其寓意都与讽刺固执有关，但它们描述了不同类型的固执。"刻舟求剑"讽刺眼光未能与客观世界的发展变化同步、不懂得根据实际情况处理问题的刻板而不知变通的人。而"守株待兔"讽喻死守狭隘经验，不主动努力而希望得到意外收获的侥幸心理。两个寓言均源于战国时期，并已发展成为现在普遍使用的成语。

现代改写本以不同方式扩写古代寓言，下面的分析主要集中于寓言中人物的经历和态度如何在现代改写本里重构。

9.4.2 重构人物经历

本部分主要关注寓言中人物的活动与对话的经验意义和态度构建的人际意义。以下是刻舟求剑故事原文及其英文翻译。

文言文原著：

刻舟求剑

楚人有涉江者，其剑自舟中坠于水，遽契其舟，曰："是吾剑之所从坠。"舟止，从其所契者入水求之。舟已行矣，而剑不行，求剑若此，不亦惑乎？

《吕氏春秋·察今篇》

英文翻译：

Marking the Boat to Look for the Sword

A man of the state of Chu was ferrying across a river. His sword fell into the water from the boat. He marked the side of the boat immediately. "This is where my sword dropped," he said. When the boat moored, he got into the water to look for his sword by the place which he had marked. Since the boat had moved while the sword had not, was not it stupid to look for his sword in this way?

［根据 Yang & Yang（2010：66-67）翻译］

9.4.2.1 对人物活动的改写

下面以"剑坠于水"这一情节为例，对比文言文原著和现代改写本 AV-a（孟长勇，2007：93-95）和 AV-b（新课标研究组，2014：111）对人物活动的不同描写。表 9.1 是原著和改写的语篇（分别用 O1，AV-a1，AV-b1 表示）及其相应的英文翻译。

表 9.1　原著和改写本中的人物活动不同描写

	原著（O1）	改写版本 a（AV-a1）	改写版本 b（AV-b1）
中文版	其剑自舟中坠于水。	他抽出宝剑，来到船头。不幸得很，他刚舞了几下，那把宝剑从手中滑落，掉到江里去了。	一个浪头打过来，船身猛地摇晃了一下，这人身子一歪，随身的宝剑掉到水里去了。
英语翻译	His sword fell into the water from the boat	He took out his sword and went to the bow. Unfortunately, as he was dancing, the sword slipped from his hand and dropped into the river.	A wave hit the boat, and the boat bounced. He wobbled and his sword fell into the water.

如表 9.1 所示，文言文的寓言原文仅用了一个物质过程，即"其剑自舟中坠于水"（"fell into the water from the boat"）来描写剑的掉落，"其剑"（"his sword"）是过程参与者，"自舟中，于水"（"into the water from the boat"）表明位置，属于环境成分。这个物质过程描述了一个事件，属于转换型（transformative）物质过程，因为事件的结果是参与者"其剑"（"his sword"）位置的改变（即"坠于水"）而并非创造出新的参与者。正如 Halliday & Matthiessen（2014：232 – 233）指出，扩展是对过程参与者的详述、延伸或增强。原著 O1 中的"其剑自舟中坠于水"属于增强—转换型物质过程，环境成分"自舟中，于水"（"into the water from the boat"）增强了物质过程"坠"（fell）。

9. 现代改写本对中国古代寓言的重构：功能语篇分析视角

值得一提的是，原著 O1 没有提及剑为何坠于水，但现代改写本 AV-a1 和 AV-b1 均以不同方式说明了剑坠于水的具体原因。改写本 AV-a1 使用了五个物质过程，其中三个物质过程以人物作为动作者，即"（人）将那把宝剑抽出来"（"took out his sword"），"（人）来到船头"（"went to the bow"）以及"（人）舞"（"was dancing"），而其他两个物质过程以剑作为动作者，即"（剑）从手中滑落"（"slipped from his hand"）和"（剑）掉到江里"（"dropped into the river"）。这样，AV-a1 解释了剑掉落的原因——那人在船头舞了几下，导致剑不慎滑落。在第一个物质过程"他抽出宝剑"（"he took out his sword"）中，剑作为动作的目标，而在接下来的物质过程"那把宝剑从手中滑落，掉到江里去了"（"the sword slipped from his hand and dropped into the river"），剑则作为动作者。环境成分的改写也与原著不同。在 AV-a1 里，剑"从手中"（"from his hand"）而不是"自舟中"（"from the boat"）（in O1）掉落，体现了人的活动与剑掉落之间的密切联系。

与此相反，改写本 AV-b1 使用四个物质过程，分别将浪、船、人和剑构建成动作者，例如"一个浪头打过来"（"a wave hit the boat"），"船身猛地摇晃了一下"（"the boat bounced"），"这人身子一歪"（"he wobbled"），以及"随身的宝剑掉到水里去了"（"his sword fell into the water"）。与 AV-a1 把剑掉落的原因归结为剑的主人自发拿出剑舞动不同，AV-b1 将掉落的原因归咎于风浪太大，导致剑的主人"身子一歪"。

由此可见，虽然原著文言文寓言并没有提供对重要情节原因的解释（即剑为何坠于水中），但相应的改写本均补充描述了导致该情节的可能原因，从而扩展原故事（例如，在 AV-a1

中剑的主人舞了几下剑,导致剑滑落掉入水中;AV-b1 中风浪太大,导致剑的主人身体摇晃)。尽管各个改写本从不同角度来解释情节,但它们均通过描述可能的原因来增强原寓言的意义。因此,从功能语义角度看,原故事与改写本中附加情节之间的逻辑语义关系属于扩展中的"增强"类型(Halliday & Matthiessen,2014:476)。

9.4.2.2 对话的改写

原寓言中只有一个言语过程(曰:"是吾剑之所从坠。")("This is where my sword dropped", he said)。表 9.2 是改写本 AV-a 和 AV-b 对这一对话的改写。

表9.2 原著对话与改写对话比较

	原著(O2)	改写版本 a (AV-a2)	改写版本 b (AV-b2)
中文版	遽契其舟,曰:"是吾剑之所从坠。"	同船的人都知道这把剑很宝贵,连忙过来对他说:"快跳到江里去将它捞起来!你自己要是不识水性,就请人帮忙!"不料,那宝剑的主人却不声不响,只是在宝剑落下去的船舷上深深地刻了一个记号,然后对众人说:"不必担心。我已经在船舷上做了记号,难道它会飞到天上去吗?"同船的人看他傻头傻脑的,不愿意再和他多说什么了。	他急忙在船帮上刻了个记号,对船家说:"我的剑就是从这掉下去的。"

9. 现代改写本对中国古代寓言的重构：功能语篇分析视角

（续表9.2）

	原著（O2）	改写版本 a（AV-a2）	改写版本 b（AV-b2）
英语翻译	He marked the side of the boat immediately. "This is where my sword dropped," he said.	Knowing this sword was very valuable, all the other people on board hurried to him and said, "Jump into the river and get it! If you yourself cannot swim, ask somebody for help!" However, the owner of the sword didn't say anything but simply carved a deep mark on the gunwale where his sword was dropped. Then he said to people around him, "Don't worry. I have already made a mark on the gunwale where the sword fell off. Would it fly to the sky?" Seeing his foolish behaviour, other people were not willing to say any more to him.	He marked the side of the boat in a hurry, and said to the boatman: "My sword was dropped here."

原著 O2 使用并列投射，直接引述剑主人的话"是吾剑之所从坠"（"This is where my sword dropped"），这是陈述语气的命题，提供所做记号的位置信息。该原话引述没有提及交际对象（即这句话是对谁说的），也没有提及对话的任何进一步发展。这一原话引述在各现代改写本中的改写方式不同。

改写本 AV-a2 的对话与原著相比要丰富得多，例如同船的人因为知道这把剑"很宝贵"（"very valuable"），因而对剑的掉落反应迅速，如"连忙过来"（"hurried to him"），伴随的是他们就这一事件的对话,例如"快跳到江里去将它捞起来!你自己要是不识水性,就请人帮忙!"("Jump into the river and get it! If you yourself cannot swim, ask somebody for help!")改写本 AV-a2 同样使用并列投射,原话引述里的祈使语气表达命令功能,即"快跳到江里去将它捞起来"("Jump into the river and get it")和"请人帮忙"("ask somebody for help"),表达了同船的其他人对剑掉落的担心,以及他们的建议。相应地,原著 O2 里的原话"是吾剑之所从坠"("This is where my sword dropped")被改写为对他人反应的言语回应。虽然改写后的话语仍然是一个并列投射,但语气在改写本对话中的三个小句中发生了变化。在原著 O2 里,陈述语气用于提供信息,例如"是吾剑之所从坠"("This is where my sword dropped"),而改写本 AV-a2 不仅使用了陈述句"我已经在船舷上做了记号"("I have already made a mark on the gunwale where the sword fell off"),还运用了祈使句"不必担心"("Don't worry")和疑问句"难道它会飞到天上去吗"("Would it fly to the sky")。改写的陈述句使用物质过程"我已经在船舷上做了记号"("I have already made a mark on the gunwale"),故事人物"我"作为动作者,而相应的原文"是吾剑之所从坠"("This is where my sword dropped")是确认型关系过程。疑问句"难道它会飞到天上去吗"("Would it fly to the sky")是一个预期隐喻(Halliday & Matthiessen,2014:698),以反问语气表达肯定的陈述(即"它不会飞到天上去")。否定祈使句"不必担心"("Don't worry")表达命令功能,也表现出人物对自己的决定和行动的自信。AV-a2 明确了交际对象"同船的人"("all the other people on board"),并增加了主人公和同船的人的对话,同时,心理过程"看他傻头傻脑的"("Seeing his foolish behaviour")和"不愿意再和他多说什么了"("not willing to say any more")描写了其他人对主人公刻船行为和言语回应的进一步反应。

再来看另一个改写本 AV-b2。虽然 AV-b2 也明确了原著中没有出现的交际对象,但与上面分析的改写本 AV-a2 的交际对象不同。在 AV-a2 中"同船的人"("all the other people on board")是交际对象,而 AV-b2 中的交际对象是"船家"("the boatman")。AV-b2 中的投射小句运用了物质过程,把无生命的"剑"("sword")作为"我的剑就是从这掉下去的"("My sword was dropped here")的动作者,与原著和 AV-a2 截然不同。原著"是吾剑之所从坠"("This is where my sword dropped")是关系过程,而 AV-a2 是用人类参与者"我"(I)作为动作者的物质过程,如"我已经在船舷上做了记号"("I have already made a mark on the gunwale where the sword fell off")。

由以上分析可知,改写的对话明确了交际的对象。通过为故事增添附加情节(例如在 AV-a2 中其他人对宝剑掉落的反应),原著中没有明确交际对象的自言自语被改写为与故事中其他人物的对话及其回应。此外,随着对话的改写,言语过程的语气也发生了变化,除了原著的陈述语气以外,改写本还增加了祈使语气和疑问语气。下面对原著和改写本的人际意义进行分析,主要考察原著的态度意义如何在现代改写本中重构,以寓言"守株待兔"及其改写本为例。

9.4.3 态度意义重构

寓言"守株待兔"的原文及其英文翻译如下。

文言文原著:

守株待兔

宋人有耕田者。田中有株,兔走触株,折颈而死。因释其耒而守株,冀复得兔。兔不可复得,而身为宋国笑。

《韩非子·五蠹》

英文翻译:

Waiting by a Stump for a Hare to Turn Up

There was a peasant in the state of Song. There was a stump in his field. One day a hare dashed up, knocked against the stump, broke its neck and fell dead. Therefore, the peasant put down his hoe and waited by the stump, hoping to have another hare. No more hares appeared, and he was laughed at in the state.

(根据 Yang & Yang (2010: 94-95) 翻译)

表 9.3 以农夫捡到死兔子的情节为例,对比分析原著和现代改写本 AV-a(孟长勇,2007: 63-65)和 AV-b(闻钟,2012: 136-137)的态度意义构建。

表 9.3 原著态度和改写态度的比较

	原著(O3)	改写版本 a (AV-a3)	改写版本 b (AV-b3)
中文版	因释其耒而守株,冀复得兔。	农夫赶忙跑过去,毫不费力就得到了一只兔子,拿去市场上卖,竟赚了许多钱。晚上,农夫回到家里,真是高兴极了。他想:如果每天有一只兔子撞死在我面前,我每天都可以赚这么多钱了。	农夫看到这幅情景,高兴地放下手中的农活,跑过去一看,兔子已经死了。农夫没费任何力气就捡到了一只撞死的兔子。他想:今天自己的运气真好。要是天天都能见到野兔子该有多好啊!

(续表9.3)

	原著（O3）	改写版本 a （AV-a3）	改写版本 b （AV-b3）
英语翻译	Therefore, the peasant put down his hoe and waited by the stump, hoping to have another hare	The peasant ran over and picked up the hare without any effort. He sold it in the market and earned a lot of money. The peasant came home and was very happy in the evening. He thought, "If every day a hare would dash itself against the stump and die in front of me, I would be able to make as much money as today"	Seeing this sight, the peasant put down his hoe happily. He ran over and found that the hare had already died. He picked up the dead hare without any effort, and thought, "I am so lucky today. How great it would be if I could come across hares every day!"

原著 O3 显性地体现农夫捡到兔子后的情感，例如"冀复得兔"（"hoping to have another hare"），从功能语法看，该小句将内在经验构建成一种情感倾向和意愿的心理过程。这种倾向具有明确的情感动机，即"复得兔"（"have another hare"），而在农夫等待下一只兔子出现之前没有其他的态度意义体现。

然而，相应的改写文本 AV-a3 和 AV-b3 在捡到兔子这一情节之后和农夫决定等待下一只兔子出现之间都增加了额外的情节，均涉及附加的态度意义。两个改写文本都显性地铭刻了农夫看到死兔子后的情感，即"高兴极了"（"very happy"）和"高兴地"（"happily"），以及他因为卖了这只兔而赚了一笔钱之后的喜悦之情通过对该人物的面部表情和姿态的描述来体现，是一种外露的情感表现，这与原著中体现人物心中希望的"冀"("hoping")截然不同。此外,改写后的情感涉及对现实刺激物的反应(如在 AV-a3 里农夫与死兔的实际相遇,还有在 AV-b3 里卖兔赚的钱),这与原著中关于对另一只死兔不切实际的幻想和意图完全不同。

除了情感以外,改写本还附加了原著未曾出现的判定和鉴赏。两个改写本都在描写农夫捡到兔子时增加了判定成分,如"毫不费力/没费任何力气"("without any effort"),体现了捡兔子这一行为轻而易举。此外,改写本 AV-b3 进一步铭刻体现了农夫如何看待自己捡兔子的行为,例如"运气真好"("so lucky")。虽然两个改写文本都体现了农夫对此事的鉴赏,但它们却以不同的方式来体现。AV-a3 显性地评价了农夫想象可以捡到更多兔子的想法,例如"该有多好啊"("how great it would be"),属于鉴赏中的反应类别。与 AV-b3 的显性鉴赏铭刻相比,AV-a3 通过对农夫想法的描写隐晦地暗示了事件的价值,例如"如果每天有一只兔子撞死在我面前,我每天都可以赚这么多钱了"("If every day a hare would dash itself against the stump and die in front of me, I would be able to make as much money as today")。这里虽然没有评价性词汇,但是概念标示的选择"我每天都可以赚这么多钱了"("I would be able to make as much money as today")引发了对想象中每天捡到兔子的正面鉴赏,也明确了农夫为什么后来放弃他的本分工作,而守在树桩旁等待更多兔子自己撞上来。

由态度分析可以看出,改写本使用了附加的态度铭刻和引发,态度类型也比原文更为丰富。原文仅运用了情感铭刻(如农夫希望能有更多的兔子),而改写本加入了判定铭刻和鉴赏铭刻/引发,并增加相关的情节(如在 AV-b3 中卖掉死兔）以加入其他情感。

9.5 讨论

由以上分析可见，现代改写本在经验意义和人际意义方面重构了古代寓言，因此在词汇语法结构上，参与者成分、语气、态度意义显隐性体现方式都发生了变化。从文言文到现代汉语的发展来看，汉语的书写系统与口头语言相比，经历了相对较少的变化，而口头语言从古至今变化巨大，后来还发展成为现代白话文。古文向现代白话文的转变是语言自身发展的必然，包括新词、旧词新义和新的句法类型的出现（徐时仪，2008：63）。反观中国古代寓言的现代改写本，改写的语篇在经验意义上通过"增强"的逻辑语义关系（Halliday & Mattiessen，2014：476）来扩展古代寓言，对原文的重要情节的原因进行扩展和解读，改写的对话也进一步凸显交际对象。通过增添附加的情节，改写本的态度意义体现方式不仅包括显性铭刻，还包括隐性引发，从逻辑语义关系上看，改写本在态度意义上通过"延展"（Halliday & Matthiessen，2014：471）方式来扩展原文。

另一个影响改写的重要因素是受众的需求。寓言原文以文言文撰写，而文言文是两千多年前的口头语言，对于现在非专业读者来说较难理解。尽管由于文言文与现代白话文的差异，以及当代日常交流中文言文的较少运用，文言文的教学不是现代汉语教育的主体（李如龙，2003：4）。然而，从古代寓言衍生出来的成语（如"刻舟求剑""守株待兔"），由于"内容丰富，还可起比、兴作用，能够达到'言简意赅'或'言有尽而意无穷'的良好效果",已成为现代汉语语言美的一个组成部分（罗竹风，2007：8）。成语以寥寥数语蕴含深远的寓意，对简练的成语故事进行适当的扩展可使当今读者更好地理解。在叙事研究里，人们认为从古代文言文到现代白话文的转变拓宽了叙事的范围并促进了叙事风格的改变。例如，因为文言文固有的简洁表达形式，要用文言文具体生动地描写人物形象非常难，虽然简练的文言文能给读者留下想象的空间，但是就心理描写和预测而言，文言文并没有白话文那么有效（徐时仪，2008：63–72）。因此，简短而寓意丰富的文言文寓言故事为现代改写本提供了许多改写的空间，这也是改写本以不同方式扩写文言文原著的原因之一。

9.6 结语

本研究对比了我国古代文言文寓言及其现代改写本的经验构建和态度意义，并从文言文到现代汉语的发展和受众需求两方面探讨不同版本差异的原因。研究表明，情节的扩展是小句参与者成分改变的原因之一，原文与改写本扩展的情节之间的逻辑语义关系是增强关系。此外，改写后对话突显了交际的对象，并且使语气有了更多的变化。改写本的态度意义在类型（如与原著相比增加了判定和鉴赏）和态度体现方式（如铭刻和引发）方面与原著不同。

从古代文言文到现代汉语的发展和现代读者需求看，文言文寓言原著对于当代非专业的读者来说较难理解和记忆，因为文言文与现代汉语在词汇语法等方面截然不同。虽然当今语言沟通中很少使用文言文，但古代寓言对于学习和理解现代汉语十分重要。而形式简洁、寓意深远的文言文寓言也给了现代改写本许多改写空间，这使现代改写本呈现出多样化的经验重构。因此，在向现代读者解释古代寓言的故事和寓意时，改写本通常会详述原著中没有明确交代的因果关系和人物的对话、心理活动，同时也会丰富体现态度立场的体现方式，从而有利于现代读者更好地理解古代寓言，在现代沟通交流中更好地理解和使用成语。

10. 英语文学原著与简写本复合小句关系对比研究[①]

10.1 引言

本文从系统功能语言学小句关系的角度，以《爱丽丝漫游奇境记》为分析样本，系统考察英语文学原著及其简写本在逻辑功能上的差异。通过比较原著及其简写本的复合小句关系并比较不同简写策略所产生的语义变化，试图解释句法复杂性如何影响文本的易读性。传统的易读性研究主要集中于运用易读性公式（如 Flesch、FOG、Fry Graph、Mugford 等）测量词汇难度和句子难度，虽然具有直观、易于使用的特点，但由于只考虑词长、句长等表层形式特征，而往往忽略了语法结构、篇章语义等深层因素的影响（Graesser et al., 2011: 224）。易读性公式可以为易读性预测提供数据，却无法解释阅读困难是如何产生以及如何进行易读的写作（Klare, 1974: 62）。因此，如何从语法结构、篇章语义角度系统考察语篇的易读性是应用语言学和语篇分析领域值得深入研究的课题。

[①] 此文原刊于《外语与外语教学》2016 年第 4 期，作者为陈瑜敏、邹妍妍。

系统功能语言学能够从篇章语义的角度为原著与简写本的语言复杂性和易读性问题提供有效的解释（陈瑜敏、黄国文，2014；黄国文、刘衍，2015）。目前此类研究尚处于起步阶段，有待进一步深化，以更加系统地探索篇章语义视角下的语篇易读性研究路径。下面回顾系统功能语言学关于复合小句关系的论述，并介绍本文语料选取的依据。

10.2 理论框架和选题依据

在系统功能语言学中，复合小句是由两个或两个以上的小句以某种逻辑关系（即逻辑依赖关系和逻辑语义关系）形成的更大的单位（Halliday，1977/2002：23-24；Halliday & Matthiessen，2014：428）。它位于语法的最高级阶，由概念功能中的逻辑功能组织，体现扩展或投射的逻辑语义关系（Halliday & Matthiessen，2014：435；Matthiessen，2002：239）。

分析小句之间的关系主要从两方面来考虑：一是逻辑依赖关系，即一个小句是依赖还是控制另一个小句（主从关系），抑或两者处于平等的地位（并列关系）；二是逻辑语义关系，即一个小句是通过解释、延伸和加强来扩展另一个小句的意义，还是一个小句把另一个小句投射为言语或思想（Halliday & Matthiessen，2014：438-443）。

就逻辑依赖关系而言，并列关系的小句之间地位平等，而主从关系的小句之间地位不等同，从属句的意义依赖于主句。从逻辑语义关系看，扩展是对同层次经验的直接描述，而投射则是对表示言语或心理过程内容的更高层次的描述（Halliday & Matthiessen，2014：508）。就扩展小句意义的方式而言，一个小句可以通过解释、延伸或加强的方式对另一个小句的内容进行扩展。就投射而言，可以是投射言语或投射思想。在语义上，通过逻辑依赖关系和逻辑语义关系形成的复合小句使各个小句在意义上紧密联系，对于意义构建及经验识解具有重要作用（Halliday & Matthiessen，2014：430）。

本文的分析语料是英国文学名著《爱丽丝漫游奇境记》及其五部简写本。作为英国维多利亚时期最杰出的儿童文学作品，《爱丽丝漫游奇境记》自1865年出版以来一直受到学术界和出版界的普遍关注。学者们从哲学、文论、心理分析、语言学等多个角度阐释这部经典著作（Rackin，1991：13-14）。与"爱丽丝"有关的文学作品一直被列入英语国家文学课堂的主要书目，其影响仅次于《圣经》和莎士比亚的剧本（Sigler，1997：xii）。在出版界和大众媒体传播领域，"爱丽丝"故事在过去的一个半世纪里不断被简写、改写为多个版本，也被改编成舞台剧、电影、电视等多种艺术形式（Sigler，1997：xi-xii）。文学名著的简写本语言规范，生动体现了本族文化，在外语学习中发挥着十分重要的作用（章振邦，2003；刘润清，2003）。而且，原著及其简写本在体现同一主题内容时词汇语法和篇章结构存在差异，是从语篇语义角度进行易读性比较研究的适切语料。

为保证语料的可比性，我们从交际的语旨、语场和语式三个情景语境因素（Halliday & Matthiessen，2014：33-34）对语料进行如下界定：本文所选取简写本的改写者均为英美国家本土当代作家，读者对象为英语为非母语国家的英语学习者，读者年龄段均为青少年，所分析的章节为原著第一章"Down the Rabbit-hole"以及各简写本的相应章节，五部简写本均为纸质书面语篇。

10.3 原著与简写本中复合小句的逻辑依赖关系比较

我们对原著及其五部简写本中的简单句、复合小句的数量和比例,以及复合小句内部的并列关系和主从关系的数量和比例进行了统计。原著与简写本的小句类型和复合小句的逻辑依赖关系整体情况如表 10.1 所示。

表 10.1 原著与简写本的小句类型和复合小句逻辑依赖关系比较

版本	作者	句子总数	类型		复合小句内的小句总数	复合小句的逻辑依赖关系	
			简单句	复合小句		并列	主从
原著	Carroll	47	4 (8.51%)	43 (91.49%)	200	140 (70%)	60 (30%)
简1	Bassett	85	25 (29.41%)	60 (70.59%)	87	70 (80.46%)	17 (19.54%)
简2	Swan	80	27 (33.75%)	53 (66.25%)	76	65 (85.53%)	11 (14.47%)
简3	Tomalin	88	36 (40.91%)	52 (59.09%)	65	64 (98.46%)	1 (1.54%)
简4	Ierace	63	38 (60.32%)	25 (39.68%)	41	39 (95.12%)	2 (4.88%)
简5	Foulds	92	62 (67.39%)	30 (32.61%)	38	30 (78.95%)	8 (21.05%)

由表 10.1 可知,与原著相比,简写本的小句类型和小句

间的关系均发生了较大变化。从小句类型看,原著中复合小句的数量(91.49%)远远大于简单句的数量(8.51%)。简写本中复合小句的比例下降(32.61%～70.59%),而简单句的比例则大幅上升(29.41%～67.39%),不少简写本中小句简单体的数量多于复合小句。可见,原著中相当一部分复合小句在简写本中被改写为简单句。

从逻辑依赖关系看,原著的并列关系小句(70%)多于主从关系小句(30%)。简写本中并列关系比例进一步上升(78.95%～98.46%),而主从关系则大幅减少(1.54%～21.05%)。可见,简写本对小句逻辑依赖关系的处理方式为保留或增加并列关系小句,而改写主从关系小句。

10.4 原著与简写本中复合小句的逻辑语义关系比较

再看复合小句的逻辑语义关系,即扩展和投射关系。扩展关系包括解释、延伸和加强三类,投射关系包括言语投射和思想投射。原著与简写本中解释、延伸和加强的扩展关系和言语/思想投射的数量和比例如表10.2所示。

表10.2 原著与简写本复合小句中扩展关系和投射关系的数量和比例

版本	作者	复合小句内的小句总数	扩展关系			合计	投射关系		合计
			解释	延伸	加强		言语	思想	
原著	Carroll	200 (100%)	22 (11%)	86 (43%)	56 (28%)	164 (82%)	17 (8.5%)	19 (9.5%)	36 (18%)
简1	Bassett	87 (100%)	8 (9.20%)	32 (36.78%)	21 (24.14%)	61 (70.11%)	16 (18.39%)	10 (11.49%)	26 (29.89%)
简2	Swan	76 (100%)	5 (6.58%)	30 (39.47%)	8 (10.53%)	43 (56.58%)	23 (30.26%)	10 (13.16%)	33 (43.42%)

(续表10.2)

版本	作者	复合小句内的小句总数	扩展关系			合计	投射关系		合计
			解释	延伸	加强		言语	思想	
简3	Tomalin	65 (100%)	4 (6.15%)	25 (38.46%)	7 (10.77%)	36 (55.38%)	13 (20%)	16 (24.62%)	29 (44.62%)
简4	Ierace	41 (100%)	3 (7.32%)	14 (34.15%)	10 (24.39%)	27 (65.85%)	8 (19.51%)	6 (14.63%)	14 (34.15%)
简5	Foulds	38 (100%)	2 (5.26%)	11 (28.95%)	9 (23.68%)	22 (57.89%)	10 (26.32%)	6 (15.79%)	16 (42.11%)

由表10.2可知，原著中扩展关系小句（82%）多于投射关系小句（18%）。简写本中扩展关系小句（55.38%～70.11%）均不同程度减少，而投射关系小句（29.89%～44.62%）则有较大幅度上升。下面具体说明扩展关系和投射关系的改写情况。

10.4.1 简写本对原著复合小句扩展关系的改写

如上所述，复合小句的扩展关系包括解释、延伸和加强三类，在此对分析中所使用的标示作简要说明：并列关系复合小句用阿拉伯数字1、2、3表示，表明其地位平等；主从关系复合小句中的主句用希腊字母α表示，从属句以β、γ等表示，表明从属句的意义依赖于主句。在扩展关系中，解释小句以详述、说明等方式扩展另一小句，用＝表示；延伸小句通过附加新成分或提供新选项来扩展另一小句，以＋表示；加强小句从时间、地点、因果、条件等方面扩展另一小句的意义，以×表示（Halliday & Matthiessen，2014：438）。以下对复合小句的分析以表格形式呈现。

10.4.1.1 简写本对原著复合小句解释关系的改写

(1)

She found herself in a long, low hall,	which was lit up by a row of lamps [[hanging from the roof]].
α	=β

(原著,Carroll,1865/2008：14)

例(1)讲述爱丽丝跟随兔子进入洞底后,兔子不见了,只留下爱丽丝一个人在悬挂着一排灯的长长的大厅里。该复合小句的逻辑依赖关系是主从关系,逻辑语义关系是解释关系,从句由关系代词 which 引导,解释说明主句的 a long, low hall。从句中包含的嵌入句 hanging from the roof 作为后置成分修饰名词词组 a row of lamps。例(1)在五部简写本中改写如下:

(1a) She was now in a long, dark room [with doors all round the walls].

(简写本1,Bassett,1994/1997：4-6)

(1b)

She was in a long hall,	and she could not see the White Rabbit.
1	+2

(简写本2,Swan,1988/2007：10)

(1c) Now she was in a very long room.

(简写本3,Tomalin,2000/2006：3)

10. 英语文学原著与简写本复合小句关系对比研究

(1d) Suddenly Alice is standing in a long hall.

There are lots of lamps and doors all round the hall,	but the doors are locked.
1	+2

(简写本4,Ierace,2000/2003/2004:17)

(1e) She was standing in a long, low hall. There were lots of lights [[hanging from the ceiling]].

(简写本5,Foulds,1980/1998:3)

五部简写本对例(1)的改写各不相同。(1a)是简单句,以嵌入的介词词组 with doors all round the walls 作为后置修饰成分,代替原著中以 which 引导的解释小句。(1b)改写为由 and 连接的并列小句,删除了原著对 a long, low hall 解释说明的成分,但延伸小句 she could not see the White Rabbit 增添了新信息,因此逻辑依赖关系和逻辑语义关系与原著相比都发生了变化。(1c)改写为简单句,删除了原著的解释关系小句。简写本(1d)和(1e)虽然在一定程度上保留了"长长的大厅里悬挂着一排灯"的原意,但体现方式不同于原著。(1d)将原著中的解释小句改写为延伸关系的并列复合小句,其中第一个并列小句在语义上对应原著中由 which 引导的解释小句,在过程类型上将原著的物质过程(which was lit up by a row of lamps)改写为存在过程(There are lots of lamps and doors all round the hall);第二个并列小句是由转折连词 but 连接的延伸关系小句,增添了新信息 the doors are locked。(1e)则改写为两个简单句,在语义上较为接近原著,在形式上也同样包含作为后置修饰成分的嵌入句。

10.4.1.2 简写本对原著复合小句延伸关系的改写（2）

Either the well was very deep,	or she fell very slowly.
1	+2

（原著，Carroll，1865/2008：12）

例（2）描述爱丽丝缓缓落入兔子洞，这或许由于洞很深，或许由于爱丽丝自身下落速度缓慢。该复合小句包含由either...or...连接的两个并列小句，第二个小句通过提供新的可选择项（爱丽丝下落缓慢）来延伸第一个小句的意义（兔子洞很深）。例（2）在五部简写本中改写如下：

（2a）It was a very strange hole. Alice was falling very slowly.

（简写本1，Bassett，1994/1997：4）

（2b）She was not falling quickly.

（简写本2，Swan，1988/2007：10）

（2c）

She fell very slowly	and didn't feel afraid.
1	+2

（简写本3，Tomalin，2000/2006：1）

（2d）Alice falls down quite slowly.

（简写本4，Ierace，2000/2003/2004：17）

（2e）She was falling down and down into a very deep hole. Alice fell quite slowly.

（简写本5，Foulds，1980/1998：2）

(2a) 和 (2e) 将原著的复合小句改写为两个简单句,既保留了原著对兔子洞特征的描述,也保留了对爱丽丝缓慢下落的描述。(2b) 和 (2d) 则改写为一个简单句,通过删除原著的第一个小句,省略了对兔子洞很深这一特征的描述,只保留原著第二个小句的意义,即爱丽丝下落速度缓慢。(2c) 虽然也删除了原著对兔子洞的说明而仅保留对爱丽丝下落速度的描述,但与 (2b) 和 (2d) 不同的是,(2c) 是由 and 连接的并列复合小句而不是简单句,其中的延伸小句使用心理过程(didn't feel afraid)体现爱丽丝下落时的心理活动,增添了原著没有的新信息。

10.4.1.3 简写本对原著复合小句加强关系的改写

(3)

The rabbit-hole went straight on like a tunnel for some way,	and then dipped suddenly down,	so suddenly that Alice had not a moment to think about stopping herself	before she found herself falling down a very deep well.
1	×2α	×2 ×βα	×2 ×β ×β

(原著,Carroll,1865/2008:12)

例 (3) 描述爱丽丝落入兔子洞的瞬间,她还来不及考虑怎么停下来就掉进了深深的洞里。该复合小句包含四个小句,属于多种逻辑依赖关系和多种逻辑语义关系在同一个复合小句中出现的情况:The rabbit-hole went straight on like a tunnel for some way 和 (the rabbit-hole) dipped suddenly down 是由 and then 连接的并列加强小句,而 (the rabbit-hole) dipped suddenly down 又是 so suddenly that Alice had not a moment to think about stopping herself 的主句,该主从加强关系小句由表结果的连词 so...that 连接,而 Alice had not a moment to think about stopping herself 又是 before she found herself falling down a very deep well 的主句。这一复杂的加强关系复合小句在五部简写本中的改写如下。

(3a) After a little way the rabbit-hole suddenly went down, deep into the ground.

Alice could not stop herself falling,	and down she went, too.
1	×2

(简写本1, Bassett, 1994/1997: 2-4)

(3b)

The rabbit hole went along just under the ground,	and then Alice was falling down, down.
1	×2

(简写本2, Swan, 1988/2007: 8)

(3c) Alice fell down and down.

(简写本3, Tomalin, 2000/2006: 1)

(3d) Alice follows the Rabbit across a field into a big rabbit hole and down, down, down.

(简写本4, Ierace, 2000/2003/2004: 16-17)

(3e) Suddenly she was falling. She was falling down and down into a very deep hole.

(简写本5, Foulds, 1980/1998: 2)

(3a) 将原著的复合小句改写为一个简单句加一个复合小句，具体来说，原著的并列加强小句 The rabbit-hole went straight on like a tunnel for some way, and then dipped suddenly down 被改写为一个简单句 After a little way the rabbit-hole suddenly went down, deep into the ground, 而原著的主从加强小句 so suddenly that Alice had not a moment to think before she found herself falling down 在 (3a) 中则改写为新的加强复合小句 Alice could not stop herself falling, and down she went, too, 逻辑依赖关系也由 before 连接的主从加强关系转变为由 and 连接的并列加强关系。(3b) 将例 (3) 改写为并列加强复合小句，即原著的并列复合小句 The rabbit-hole went straight on like a tunnel for some way, and then dipped suddenly down 改写为 (3b) 的第一个并列小句 The rabbit hole went along just under the ground, 原著的主从加强复合小句 so suddenly that Alice had not a moment to think before she found herself falling down 改写为 (3b) 的第二个并列小句 and then Alice was falling down, down。(3b) 改写为单个复合小句，同时也简化了逻辑语义关系，将含有主从和并列关系的复合小句（例 3）改写为只包含并列关系的复合小句。(3c) 和 (3d) 均改写为一个简单句，两者区别在于 (3c) 只讲述爱丽丝下落，省略了原著第一个并列加强小句提到的兔子洞特征；(3d) 则将之前的情节（爱丽丝追随兔子越过田野）也加进来，浓缩了故事情节。(3e) 改写为两个简单句，原著中的并列加强小句以兔子洞为主语，主从加强小句以爱丽丝为主语，而改写后 (3e) 的两个简单句均以主人公爱丽丝作为主语，描述其落入兔子洞。

10.4.2 简写本对原著言语投射和思想投射的改写

下面对比分析原著与简写本中的言语投射（以"标示）和思想投射（以'标示）。例（4）和例（5）讲述爱丽丝见到兔子的情形，她看到兔子从口袋里拿出怀表，感到十分惊奇。例（4）是言语投射，原话引述兔子的自言自语，投射句 the Rabbit say to itself 和被投射句 "Oh dear! Oh dear! I shall be late!" 之间是并列关系。例（5）是思想投射，投射主控句 it flashed across her mind 和投射从句 that she had never before seen a rabbit with either a waistcoat-pocket, or a watch to take out of it 之间是主从关系，间接引述爱丽丝的所思所想。

(4)

…the Rabbit say to itself,	"Oh dear! Oh dear! I shall be late!"
1	"2

(5)

Alice started to her feet,	for it flashed across her mind	that she had never before seen a rabbit [[with either a waistcoat-pocket, or a watch to take out of it]].
α	×βα	×β 'β

(Carroll, 1865/2008: 10)

言语投射和思想投射在五部简写本中分别改写如下。

10. 英语文学原著与简写本复合小句关系对比研究

(4a)

…the Rabbit said,	"Oh dear! Oh dear! I shall be late!"
1	"2

(5a)

"I've never before seen a rabbit [[with either a pocket, or a watch to take out of it]],"	she thought.
1	'2

(简写本1, Bassett, 1994/1997: 2)

(4b)

… the rabbit said to itself,	"Oh! Oh! I shall be too late!"
1	"2

(5b)

"A rabbit with a pocket?"	Alice asked herself,	"And a watch in it?"
"1	2	"3

(简写本4, Swan, 1988/2007: 8)

(4c)

"Oh! Oh! I'm going to be late!"	it said.
"1	2

163

(5c)

"That's strange! A rabbit with a watch!"	said Alice.
1	"2

(简写本 5, Tomalin, 2000/2006: 1)

(4d)

"Oh dear! Oh dear! I'm late!"	he says.
"1	2

(5d)

"A rabbit with a watch? That's very strange!"	thinks Alice.
'1	2

(简写本 3, Ierace, 2000/2003/2004: 16)

(4e)

He said to himself,	"Oh dear, oh dear, I am going to be late."
1	"2

(5e) That did surprise Alice. She had never seen a rabbit [[wearing a coat before, or using a watch]].

(简写本 2, Foulds, 1980/1998: 1-2)

就言语投射而言，五部简写本（4a-4e）无一例外地保留了原著的原话引述，投射句和被投射句之间均为平等的并列关系。就思想投射而言，简写本的处理各不相同。除（5e）

改写为两个简单句以外，其他四部简写本都将原著间接引述的心理活动改写为直接引述。改写后的投射句均以心理活动的主体爱丽丝作为主语，（5a）和（5d）为并列关系的思想投射，投射句的动词过程类型为心理过程（she thought，thinks Alice）。（5b）和（5c）则改为并列关系的言语投射，投射句的动词过程类型为言语过程（Alice asked herself，said Alice）。被投射句的语气与原著的陈述语气相比也更为丰富，包括疑问语气（"A rabbit with a pocket?" "And a watch in it?" "A rabbit with a watch?"）、感叹语气（"That's strange! A rabbit with a watch!" "That's very strange!"）和陈述语气（"I've never before seen a rabbit with either a pocket, or a watch to take out of it"）。

基于以上分析，下面进一步讨论原著与简写本复合小句的逻辑语义关系和逻辑依赖关系存在差异的原因。

10.5 讨论：原著与简写本复合小句逻辑依赖关系和逻辑语义关系存在差异的原因

由以上分析可知，原著与简写本在复合小句关系上存在多方面的差异。在逻辑语义的扩展关系方面，简写本对原著的改写包括：以介词词组代替解释小句（如1a），删除复合小句中的一个小句（如1c，2b和2d），将复合小句改写为一个或多个简单句（如1e，2a，2e，3c，3d和3e），将复合小句中的一个小句改写为新的复合小句（如1b，1d和2c），将逻辑语义关系复杂的复合小句简化为逻辑语义关系较为简单的复合小句（如3a，3b）。结构简化后，简写本中基本没有出现原著中（如例3）多种逻辑依赖关系和多种逻辑语义关系在同一个复合小句中出现的情况。

在逻辑语义的投射关系上,与扩展关系小句比例下降不同,简写本中言语投射和思想投射的比例都有较大幅度的上升(见表10.2)。原著中的直接引语在简写本中基本被保留(如4a—4e),而原著间接引述故事角色所思所想的主从投射往往被改写为并列关系的思想投射(如5a和5d)或言语投射(如5b和5c)。

简写策略的不同选择可使语义发生不同变化。简写本对原著复合小句关系的改写可以增加原著没有的语义(如1a,1b,1d,2c和3d)、删减原著语义(如1c,2b,2d,3c,5b,5c和5d)和基本保留原著语义(如1e,2a,2e,3a,3b,3e,4a~4e,5a,5b和5e)。

综合逻辑依赖关系和逻辑语义关系两方面,与原著相比,简写本的并列关系复合小句比例上升,而主从关系复合小句比例大幅下降(见表10.1),这与逻辑语义关系的改写密切相关。由10.4.1的扩展关系分析可知,原著的扩展关系小句往往是由which,before,so...that...引导的从属小句,而简写本的扩展关系小句更多以and,but,or等并列连词连接,因此在改写逻辑语义关系的同时,逻辑依赖关系也由主从变为并列。由10.4.2的投射分析可知,随着简写本将原著间接引述的心理活动改写为直接引述,小句之间的逻辑依赖关系也由主从关系变为并列关系。由此可见,逻辑依赖关系与逻辑语义关系在改写过程中的变化具有相通性。

再从读者因素讨论简写本对原著复合小句关系改写的原因。如上所述,简写本的读者对象均为青少年英语学习者。就逻辑依赖关系而言,在叙述体语篇中并列时间序列对于叙事构建发挥着重要作用（Halliday & Matthiessen，2014：476），而主从关系复合小句在儿童故事读物中并不常见，这一特点与口头会话相似，与新闻报道、科学报告等语篇则不同（Matthiessen，2002：256）。简写本增加并列关系小句、删改主从关系小句，从而更有利于叙事的构建和青少年读者对文本的理解。

从逻辑语义关系看，不同简写策略的选择体现了各个简写本不同的语篇特征和交际目的。将复合小句改写为多个简单句或者逻辑关系较为简单的复合小句而基本保留原意的做法，在兼顾目标读者语言能力的同时，最大限度地保留原著的语义特征，体现了对原著的尊重。而直接删除扩展小句并删减对理解原著主要情节影响不大的细节的做法，省略或浓缩了原著的情节，删减了语义，降低了原著的难度，便于读者理解。

最后再看对投射关系的改写原因。简写本增加了不少原著没有的直接引述，直接引语中被投射的成分地位比较独立，创造了故事人物自己的话语声音，作者保持不干预、不介入，从而产生形象逼真、戏剧化的效果，在儿童文学中有助于展示原汁原味的童心（曾蕾，2000：16；丁素萍、舒伟，2013：24）。可见，简写本增加直接引述的言语/思想，有助于明确引起故事人物心理活动的现象，丰富被投射句的语气，从而使故事人物形象更为生动。

10.6 结语

本文通过对比分析《爱丽丝漫游奇境记》原著及其五部简写本的复合小句关系，考察了原著与简写本在逻辑依赖关系和逻辑语义关系方面的异同，并比较了不同简写本的简写策略和语义变化。分析表明，与原著相比，简写本在逻辑依赖关系上增加并列关系小句而删改主从关系小句，从而有利于叙事构建和目标读者对文本的理解；在逻辑语义关系上，简写本删改扩展关系小句而增加言语/思想投射，通过故事人物的话语声音凸显人物形象。进一步比较简写策略发现，简写策略的不同选择可使语义发生不同变化，表现为关照读者语言水平的同时保留原著的语义以及删减/浓缩原著情节两类不同的简写策略。

简写本对原著的改写之所以选择某种形式而非其他形式，是为特定交际目的、交际需要服务的，是意义和功能的体现（陈瑜敏、黄国文，2014：855）。本文通过对比考察原著及其多个简写本的复合小句关系，希望为进一步解释句法复杂性如何影响文本易读性以及对如何进行易读写作提供有益的借鉴。

11. 评价系统视角下《世说新语》及其英译比较研究[①]

11.1 关于《世说新语》及其英译

《世说新语》是中国古典文学的典范,它生动体现了中国传统文化,并对文人学士产生了重要影响,长久以来受到古今学者的关注。早期研究包括对《世说新语》的注释和校勘,《世说新语》的作者和文体类型,《世说新语》的语言学和翻译研究等方面。梁朝(462—521)的刘孝标(刘义庆著、刘孝标注,2011)是最早为《世说新语》加注的学者,其标注引证了400多本书,极大丰富了《世说新语》的意义。随后徐震堮(1984)、余嘉锡(2011)和张㧑之(2012)等吸收旧学,对《世说新语》进行了严格的考校和注释。

关于其作者和文体,主要存在《世说新语》成于众人之手(鲁迅,2014:47;范子烨,1986)还是由刘义庆一人编纂(王能宪,2000)两种观点。关于《世说新语》的文体类型,学者们的看法也不尽相同。鲁迅(2014:280)、宁稼雨(1988)将其归为志人小说,钱穆(2004:120)认为《世说

[①] 此文原刊于《北京科技大学学报(社会科学版)》2016年第1期,作者为陈瑜敏、王璐瑶。

新语》是一部史书。不少学者认为《世说新语》既是小说，也具有史料价值（刘叶秋，1958；全星逑，1999）。"《世说新语》是魏晋南北朝史的一部重要资料，也是研究这一时期思想史的必不可少的资料。"（周一良，2010a：57）。可见，《世说新语》既具有很高的文学价值又具有重要的史学价值。

《世说新语》的语言学研究涉及词汇、语法和修辞等方面。张振德和宋子然（1995）考察了《世说新语》中"得"字的使用；何乐士（2007）指出，《世说新语》的语法处于古代汉语向现代汉语的过渡阶段；范子烨（1998a）分析了《世说新语》中的用典现象。宗白华（2005）指出，"《世说新语》形象地描绘了魏晋人的精神风貌，为研究中国人的美学和艺术特征提供了重要的资料"。

关于《世说新语》的英译，马瑞志（Richard B. Mather）（2007）译注的《世说新语》（*A New Account of Tales of the World*）是这部古典名著目前唯一的英文全译本。除马瑞志的全译本外，不少学者对这部著作进行了选译。杨宪益、戴乃迭和汪龙麟（2005）在《汉英对照汉魏六朝小说选》中选译了《世说新语》中的13个小故事。马照谦（2004）在《绘画世说新语》中翻译了其中100个小故事；Yang（1968）尝试对《世说新语》中的部分翻译进行了校订。

大多数对《世说新语》英译的研究都以马瑞志的译本为底本。荷兰汉学家马恩斯（1978）（B. J. Mansvelt-Beck）评价马瑞志的翻译"清晰明白而不失趣味"，是"对中古中国研究的一大贡献"。美国学者康达维（David R. Knechtges）（1978）认为，"马氏在以英语捕捉原书的韵味上取得了令人羡慕的成功。他的译文既忠实于源文，又十分可读并引人入胜。"唐异明（1986）指出，马瑞志的译文尽量忠实于源文而又明白晓畅，不仅对希望领略中国古典文学语言精妙之处的西方读者十分有帮助，也让严肃的学术研究者受益匪浅。周一良（2010b）认为："马氏功力甚勤。其译《世说》也，广集佳本，勘校异文。"为纪念吕叔湘先生九十寿辰，张永言（1994，1995）撰文评论马瑞志译文的疏失，并给出了参考译文。范子烨（1998b）认为，"马译对《世说》的解读，不仅是文字上的，同时也是文化上的。它所独具的胜解，常常能够为我们阅读源文提供有力的帮助。"

现有对比马瑞志全译本和其他选译本的研究仍不多见，本文以系统功能语言学评价系统（Martin & White，2005）为分析框架，比较马瑞志全译本与马照谦选译本中关于100条故事的英译。

11.2 评价系统

评价系统是系统功能语言学人际意义研究的重要发展，在语篇语义层面从态度、介入、级差三个子系统对评价语义进行系统分类和阐释（Martin & White，2005）。本文主要比较《世说新语》及其全译本和选译本中态度意义的体现方式和强度，分析框架为评价系统中的态度系统和级差系统。

态度系统涉及情感反应、行为评判和价值评价，包括情感、评判和鉴赏三个子系统（Martin & White，2005：35）。情感是心理上的，涉及人的正面或负面情绪，如幸福/难过，喜欢/讨厌等。评判是伦理上的，涉及对人及其品格行为的态度，如聪明/愚蠢，赞美/批评等。鉴赏是美学上的，涉及对现象的价值评估，如完美、和谐等。这三个子系统还可以进一步细分成多个系统，以提高分析的精密度。情感有状态型、过程型和评价型。评判可分为社会评判和社会约束，前者涉及人或行为的规范、才干和韧性；后者涉及人或行为的诚实和妥当。鉴赏包括反应、构成和估值三类，反应指某物引起人们的何种反应，构成指某物的均衡性和复杂性，估值指对某物价值的估量。情感、评判和鉴赏都有积极和消极之分，并且都可以直接或者间接地体现出来。三类态度意义既可以通过带有明确态度取向的词汇语法手段体现，也可以通过本身不带态度意义、但通过措词间接暗示态度立场的方式体现（Martin & White, 2005）。

级差涉及评价资源在意义上的分级，包括语势和聚焦子系统。语势根据强度和数量来分级，对质量和过程的分级称为"强化"，如 a little, very, extremely 这三个形容词表达的不同强度；对实体的数量的分级称为"量化"，如 great talent 和 small talent 分别对 talent 做了不同程度的量化。聚焦涉及典型性或确定性，从经验的角度看这种以典型性为依据的级差一般不可分级，它们是一些界限清楚、黑白分明的范畴（Martin & White, 2005: xvi）。例如"父亲"是一种无法分级的身份，但是在 a true father 中它已经变成了有级差的范畴，其人际意义得到了强化。聚焦包括明显和模糊，明显指加强某种范畴的典型性，如上文的 a true father；模糊指减弱某种范畴的典型性，如 I am kind of sorry 中的 kind of 减弱 sorry 的意义。正如 Martin & White（2005: xvi）指出，可分级性是态度意义的重要特征之一，情感、评判、鉴赏都涉及不同程度的意义。

关于评价系统在翻译研究中的应用，Munday 在其新著

《翻译中的评价：译者决策中的关键因素》(*Evaluation in Translation: Critical Points of Translator Decision-making*) 中指出，评价意义资源在译者决策中十分关键。"翻译是一个不断进行评价的过程，译者的决策体现了译者在意识形态和价值观方面的立场，具有重要意义"(Munday，2012：155)。下面比较《世说新语》源文、马瑞志译文和马照谦译文在评价意义方面的异同。

11.3 评价系统视角下《世说新语》及其英译对比研究

本文所使用的语料为中华书局 2007 年出版的《汉英对照〈世说新语〉》(英译者是美国汉学家马瑞志) 和上海古籍出版社 2004 年出版的《绘画〈世说新语〉》(英译者是中国学者马照谦)。《世说新语》源文包含 1130 条小故事，我们选取了《汉英对照〈世说新语〉》和《绘画〈世说新语〉》都包含的 100 条小故事进行比较分析。

11.3.1 《世说新语》的态度资源特点

我们首先对《世说新语》源文中这 100 条小故事的态度资源进行了归类和统计 (见表 11.1)。

表 11.1 《世说新语》源文中态度资源的数量和比例

态度类型	数量	比例（%）
情感	96	46.38
评判	72	34.78
鉴赏	39	18.84
合计	207	100

从上表可以看出，在 100 条小故事中共有 207 例态度资源。其中情感 96 例，占 46.38%，在三类态度意义中比例最高。评判和鉴赏分别有 72 例（占 34.78%）和 39 例（占 18.84%）。由此可见，在《世说新语》源文中情感资源是主导。究其原因，由于情感资源是表达人物心理最直接的方法，《世说新语》记载的是当时名士的语言和行为，大量情感资源的使用可呈现性格丰满、情感生动的人物形象。

源文中的评判资源占 34.78%，评判是对人的品德或行为的评判，源文中评判资源的使用可以让读者了解书中人物的能力、品德、可信度和社会地位。此外，源文中还有少量的鉴赏资源，涉及对事物、事件或者自然现象的评价。

如前文所述，态度资源可以表达积极或消极的意义，可以通过直接（显性）或间接（隐性）的词汇语法手段体现。源文态度意义的显隐性体现方式及其积极/消极意义的数量和比例如表 11.2 所示。

表 11.2 《世说新语》源文态度意义的显隐性体现方式及其积极/消极意义数量及比例

态度类型	积极/消极意义		显隐性体现方式	
情感 96（100%）	积极	48（50%）	显性	86（89.58%）
	消极	48（50%）	隐性	10（10.42%）
评判 72（100%）	积极	58（80.56%）	显性	63（87.5%）
	消极	14（19.44%）	隐性	9（12.5%）
鉴赏 39（100%）	积极	27（69.23%）	显性	32（82.05%）
	消极	12（30.77%）	隐性	7（17.95%）
合计 207（100%）	积极	133（64.25%）	显性	181（87.44%）
	消极	74（35.75%）	隐性	26（12.56%）

从表 11.2 可以看出，在 207 例态度资源中，64.25% 是积极态度资源（133 例），35.75% 是消极态度资源（74 例）；87.44% 采用显性体现方式（181 例），12.56% 使用隐性体现（26 例）。由此可见，《世说新语》源文中积极、显性的态度资源占主导地位。作为对中国古代知识分子的品德行为产生深远影响的文学作品，《世说新语》源文中积极态度资源的大量使用与其积极正面的价值相呼应，而显性直接的体现方式进一步明确了源文的态度立场。

11.3.2 《世说新语》英译的态度意义对比分析

张美芳（2002）认为研究评价标度可以从四个方面进行：①原作者与译者的评价标度一致；②原作者与译者的评价标度不一致；③译者增加原著没有的评价意义；④译者减去原著的评价意义。根据张美芳的发现和本文的语料特点，我们将从以下四个方面进行分析：①源文和译文中态度意义的级差一致；②译文中态度意义的级差高于源文；③译文中态度意义的级差低于源文；④译文漏译的态度意义。根据这四个维度，马瑞志译文和马照谦译文对源文中 207 个含有态度意义例子的翻译情况统计如下，见表 11.3。

表 11.3 英译中态度意义的级差情况比较

态度意义的级差	马瑞志译文	马照谦译文
与源文一致	165（79.71%）	110（53.14%）
强度高于源文	28（13.53%）	21（10.14%）
强度低于源文	11（5.31%）	43（20.77%）
漏译态度意义	3（1.45%）	33（15.94%）
合计	207（100%）	207（100%）

从表 11.3 可以看出，两部译文对源文态度意义的强度处理存在差异。马瑞志译文中，79.71%（165 例）的态度资源与源文的级差一致，而马照谦译文中，级差一致的态度资源相对较少，只占总数的 53%（110 例）。态度意义强度高于源文的例子在两部译文中比重都不高，只有 13.53%（28 例）和 10.14%（21 例）。态度意义强度低于源文的例子在马瑞志译文中较少出现，只有 5.31%（11 例），而马照谦译文中态度意义强度低于源文的例子高达 20.77%（43 例）。漏译态度意义的情况在马瑞志译文很少出现，只有 1.45%（3 例），而马照谦译文中漏译态度意义的现象较多，占 15.94%（33 例）。可见，马瑞志译文在态度意义极差一致、无漏译态度意义方面更接近源文。下面举例对两部译文进行比较分析。

11.3.3 英译文的情感资源比较

如表 11.1 所示，情感资源是源文最为频繁使用的态度资源，我们首先考察两部译文对情感意义的不同处理。表 11.4 比较两部译文对情感强度的不同处理。

表 11.4　英译文的情感资源比较

情感意义的级差	马瑞志译文	马照谦译文
与源文一致	73（76.04%）	52（54.17%）
强度高于源文	18（18.75%）	9（9.38%）
强度低于源文	4（4.17%）	21（21.88%）
漏译情感意义	1（1.04%）	14（14.58%）
合计	96（100%）	96（100%）

从上表可以看出，两部译文大部分情感资源的级差与源文一致，但是马照谦译文中级差不一致的例子较马瑞志译文多，并且漏译情况也较马瑞志译文常见。以下举例说明马瑞志译文和马照谦译文对情感资源的处理。

（1）时风雨忽至，祥抱树而泣。祥尝在别床眠，母自往暗斫之；值祥私起，空斫得被。既还，知母憾之不已，因跪前请死。母于是感悟，爱之如己子。

（刘义庆著、马瑞志译，2007：10）

马瑞志译：Once when a storm of wind and rain came up suddenly, Hsiang embraces the tree, weeping. On another occasion Hsiang was sleeping on a separate bed when his stepmother came over and slashed at him in the dark. As it happened, Hsiang had gotten up to relieve himself, and her vain slashing struck only the bedclothes. After Hsiang returned to the room he realized his stepmother bore him an implacable resentment, and kneeling before her he begged her to end his life. His stepmother then for the first time came to her senses and loved him ever afterward as her own son.

（刘义庆著、马瑞志译，2007：11）

马照谦译：When a storm came, he would embrace the tree, crying. Wang once slept in another bed. One night Zhu went to kill him will a knife, but she stabbed only the quilt. Wang was lucky to miss the killing, because he happened to be absent for washing his hands at that moment. Later he learnt that Zhu regretted having done this, so he knelt down before her, asking for being killed. She was greatly touched and thereafter treated him as her own son.

(刘义庆著,马照谦译,2004:17)

源文有五处表达人物的情感的例子,分别是"泣""憾之不已""请""感悟"和"爱"。"泣"属于过程型情感,直接表达了人物悲伤的消极情感,马瑞志和马照谦分别将其译为"weeping"和"crying"。在汉语中,"泣"意为"小声哭"。英文的"cry"常用来表达某人伤心时有声地落泪,而"weep"表达因悲伤或者其他情绪而落泪。可以说"weep"是无声的哭泣,更多关注的是眼泪本身。在源文语境中,王祥不可能发出很大的哭声。因此,"weeping"的级差更符合源文,而"crying"比源文级差高。"憾之不已"是直接表达消极感情的过程型情感资源,"憾"在源文语境中意为"后悔","不已"表明"憾"的程度很高。马照谦把"憾"译为"regretted"是合适的,但是他却把"憾之不已"译为"regretted having done this"与源文"继母为没有砍到王祥而遗憾不止"的意思矛盾。马瑞志则为"resentment"(怨恨),没有直译出"继母为没有砍到王祥而遗憾不止",代之以"王祥感到了继母对自己无法平息的怨恨",评价发出者、评价对象和情感意义都发生了变化。"请"此处意为"请求、要求",属于表达意向的过程型情感。马瑞志译文中"请"译为"begged",马照谦则译为"asking for"。通过分析源语境可知,马瑞志加强了"请"的级差,马照谦的翻译则与源文级差较为一致。在古汉语中,"感悟"意思是"受感动而醒悟",属于状态和过程型积极情感。在英译文中,两位译者分别译为"came to her senses"和"was greatly touched",分别只译出了"悟"和"感"。"爱"属于直接表达积极意义的过程型情感资源,马瑞志将其译为"loved",这与源文的情感级差一致,马照谦则译为"treated",降低了源文的感情强度。

(2)诸葛亮之次渭滨,关中震动。魏明帝深惧晋宣王战,乃遣辛毗为军司马。宣王既与亮对渭而陈,亮设诱谲万方,宣王果大忿,将欲应之以重兵。亮遣间谍觇之,还曰:"有一老夫,毅然杖黄钺,当军门立,军不得出。"亮曰:"此必辛佐治也。"

(刘义庆著、马瑞志译,2007:198)

马瑞志译:When the Shu general Chu-ko Liang camped on the bank of the Wei River, all of Kuan-chung was in upheaval. Emperor Ming of Wei (Ts'ao Jui), deeply apprehensive lest Ssu-ma I would do battle, dispatched Hsin P'i to serve as his sergeant-at-arms. Since Ssu-ma I was stationed directly across the Wei from Liang, Liang set up decoying devices on every hand. I, as expected, was violently aroused, and was on the point of going out to meet him with heavy armor. Liang dispatched spies to observe what he would do, and these returned and reported, "There's an old man impassively leaning on a yellow battle-ax, standing squarely in the gate of the encampment, and the army can't get out." Liang said, "That would be Hsin P'i."

(刘义庆著、马瑞志译,2007:199)

马照谦译:Zhuge Liang stationed his troops on the bank of Wei River. Emperor Wei Ming was afraid that King Jin would join battle with Zhuge Liang, so he appointed Xin Pi counselor of King Jin. Armies of both sides confronted each other across Wei River. Zhuge Liang took every possible measure for King Jin's direct engagement. As expected, King Jin became very angry and ready to go into battle in heavy forces. Zhuge Liang sent soldiers to spy into the military affairs of King Jin, and he was told that there was an old man standing in the doorway of the camp, holding an battle-ax in hand. Zhuge Liang said, "He must be Xin Pi."

（刘义庆著、马照谦译，2004：31）

这则小故事中涉及四例情感资源，"震动"意思是"震惊、惊惧"，"深惧"意为"深深地害怕、恐惧"，"大忿"意为"极度地生气或者讨厌"。这三个词均直接表达人的消极心理，属于状态型情感资源。"欲"则属于过程型情感资源，直接表达意向。

两位译者对这四个情感资源的处理各不相同。马瑞志将原来的形容词"震动（震惊、惊惧）"译为介词短语"in upheaval"。根据《牛津高阶英汉双解词典》（2004：1964），"upheaval"意思为"引起冲突、动乱、恐慌的剧变"，因此"in upheaval"可理解为"处于大动荡"，改变了源文的情感意义；马照谦则漏译了"震动"。"深惧"在两部译文中分别译为"deeply apprehensive"和"afraid"。可以看出，马瑞志译文的"deeply apprehensive"与源文中的意义和级差是一致的，而马照谦译文的"afraid"不足以表达源文害怕的强烈程度，因此降低了原级差。在马瑞志译文和马照谦的译文中，"大忿"分别译为"violently aroused"和"very angry"。从分级性来看，"violently"的程度比"very"强烈，因此"violently aroused"更符合源文的级差。"欲"在两种译文中分别被译为"on the point of（即将、马上）"和"ready（准备）"，较为符合源文的意义和级差。

11.3.4 英译文的评判资源比较

如上文表11.1所示,评判资源的使用频率次于情感资源。表11.5比较两部译文对评判强度的不同处理。

表11.5 英译文的评判资源比较

评判意义的级差	马瑞志译文	马照谦译文
与源文一致	60（83.33%）	41（56.94%）
强度高于源文	7（9.72%）	3（4.17%）
强度低于源文	5（6.94%）	17（23.61%）
漏译评判意义	0（0%）	11（15.28%）
合计	72（100%）	72（100%）

从表11.5可以看出,一半以上的评判资源在英译文中都合理准确地得到了翻译。但是级差不一致的情况依然存在,并且在马照谦译文中较多出现。以下举例说明。

（3）王祥事后母朱夫人甚谨。家有一李树,结子殊好,母恒使守之。

（刘义庆著、马瑞志译 2007：10）

马瑞志译：Wang Hsiang in serving his stepmother, Mme. Chu, was extremely conscientious. There was a plum tree (li) in their home whose fruit was exceptionally good, and his stepmother always had him protect it.

（刘义庆著、马瑞志译 2007：11）

马照谦译：Wang Xiang was an obedient son to Zhu, his stepmother, and he was careful in serving her. There was a plum tree yielding rich fruits in the garden. Zhu left it to his care.

(刘义庆著、马照谦译,2004:11)

源文中使用"甚谨"来表达王祥对继母的态度,意为"极其谨慎",属于评判系统下的社会评判,表达积极的韧性。马瑞志译文中,"谨"译为"conscientious",意为一丝不苟、勤勉认真;马照谦译文用"careful"来表达"谨"的意思。这两种翻译都是合理的,差别在对"甚"的处理上。"甚"用来表明"谨"的程度很高,马瑞志译为"extremely",马照谦译文则没有译出"甚"。因此,马瑞志译文中的"extremely conscientious"的评判意义和级差都与源文一致,而马照谦译文则降低了源文的级差。

(4)范宣年八岁,后园挑菜,误伤指,大啼。人问:"痛邪?"答曰:"非为痛,身体发肤不敢毁伤,是以啼耳。"宣洁行廉约,韩豫章遗绢百匹,不受。

(刘义庆著、马瑞志译,2007:22)

马瑞志译:When Fan Hsüan was in his eighth year he was cutting vegetables in the back yard when he accidentally injured his finger and started to cry loudly. Someone asked, "Does it hurt?" He replied, "It's not because it hurts, but 'even the hair and the skin of the body I dare not destroy or injure' — that's the reason I'm crying." Hsüan was incorruptible in behavior as well as modest and frugal. When Han Po once left him a hundred bolts (p'i) of silk, he would not accept them.

(刘义庆著、马瑞志译,2007:23,25)

马照谦译:Fan Xuan, aged eight, once hurt his fingers in digging vegetables, and cried. Someone asked him whether or not it ached. He replied, "I cried not because my fingers hurt. My body, hair and skin all belong to my parents. I should not do an injury to them. That is why I cry." Fan was a man of simplicity, righteousness and honesty. Han Bo gave him one hundred bolts of silk as a gift, but Fan declined his offer.

(刘义庆著、马照谦译,2004:23)

这则小故事是讲述范宣的高尚品格。故事中"洁行廉约"意为"品行高洁、清廉俭约",称赞了范宣的行为品格,属于评判系统下的社会约束,表达妥当性。马瑞志译文和马照谦译文把原来的四字短语都译成了三个单词,分别为"incorruptible, modest and frugal"和"simplicity, righteousness and honesty"。在马瑞志译文中,"incorruptible"和"frugal"显然是符合源文意思的,需要注意的是"modest"。根据《牛津高阶英汉双解词典》(2004:1117),"modest"可以指人"穿着上庄重、朴素",因此马瑞志的翻译是合理的。马照谦译文的三个词"simplicity, righteousness and honesty"对"廉"意则表达不够充分。因此,马瑞志译文的评判意义与级差更符合源文。

11.3.5 英译文的鉴赏资源比较

比较两部译文对评判强度的不同处理如表11.6所示。

表11.6 英译文的鉴赏资源比较

鉴赏意义的级差	马瑞志译文	马照谦译文
与源文一致	32(82.05%)	17(43.59%)
强度高于源文	3(7.69%)	9(23.08%)
强度低于源文	2(6.25%)	5(12.82%)
漏译鉴赏意义	2(6.25%)	8(20.51%)
合计	39(100%)	39(100%)

从11.6可见，马瑞志译文在鉴赏意义的处理上大部分与源文一致，不一致的例子只有7处，而马照谦译文中有超过一半的鉴赏资源与源文的级差不一致。

（5）刘真长为丹阳尹，许玄度出都，就刘宿，床帷新丽，饮食丰甘。

（刘义庆著、马瑞志译，2007：78）

马瑞志译：While Liu T'an was intendant of Tan-yang, Hsü Hsün came out of retirement to the capital and spent the night with him. The bed curtains were new and beautiful, the food and drink plentiful and sweet.

（刘义庆著、马瑞志译，2007：79）

马照谦译：Liu Dan was the governor of Danyang. Once Xu Xuandu stayed over at Liu's. He was both surprised and satisfied with the luxuriant bedding and sumptuous dinner.

（刘义庆著、马照谦译，2004：109）

例（5）的小故事讲述了王羲之批评刘惔和许询的欲望，源文中有"新丽"和"丰甘"两个鉴赏资源。"新丽"意为"未使用过且漂亮的"，属于鉴赏系统下的积极反应。"丰甘"意思是"量多且味道甜美"，直接称赞饮食，也属于鉴赏系统下的积极反应。

马瑞志译文对"新丽"和"丰甘"进行了逐字翻译，译为"new and beautiful"和"plentiful and sweet"。用词虽简单，但与源文的鉴赏意义和级差一致。马照谦译文将"新丽"和"丰甘"分别译为"luxuriant"和"sumptuous"，意为"某物非常昂贵、非常引人入胜"，加强了源文的级差。

11. 评价系统视角下《世说新语》及其英译比较研究

（6）孔君平疾笃，庾司空为会稽，省之，相问讯甚至，为之流涕。庾既下床，孔慨然曰："大丈夫将终，不问安国宁家之术，乃作儿女子相问！"

（刘义庆著、马瑞志译，2007：228）

马瑞志译：When K'ung T'an was critically ill, Yü Ping, who was then serving as governor of K'uai-chi Principality, went to visit him, inquiring about his condition with extreme solicitude, and weeping over him. After Yü had gotten down from the bed, K'ung said with deep feeling, "A great man is about to die, and instead of asking about a policy for keeping the state at peace, here you are asking the kinds of questions women and children ask!"

（刘义庆著、马瑞志译，2007：231）

马照谦译：Kong Tan was seriously ill, and Yu Bing went to see him and tried to comfort him, and even shed tears before him. Kong Tan said emotionally, "A man of character is dying, but you don't question me about the administering strategy for the country. On the contrary you offer me sentimental greetings."

（刘义庆著、马照谦译，2004：77）

例（6）节选自孔坦与庾冰的故事，故事中病重的孔坦教育庾冰要心怀国家。"儿女子"意思是"妇女和小孩"。在古代中国，女性的社会地位低于男性，并且常被看作是柔弱、情绪化的代名词。在源文中，孔坦把庾冰对他的关心问候看作是妇人和小孩才会做的事，即"儿女子相问"，这隐性表达了孔坦的消极态度。因此，"儿女子相问"可被视为鉴赏系统下的隐性估值。

马瑞志和马照谦对"儿女子相问"的翻译差别比较大。

马瑞志用定语从句"women and children ask"直译了源文的意思，保留了源文的隐性特点。马照谦则用"sentimental greetings"表达了"儿女子"的内在涵义，变隐性为显性。两部译文在显隐性表达方式上虽存在差异，但在鉴赏意义和级差方面基本与源文一致。

11.3.6 英译文中出现差异的原因

由上文分析可见，两部译文对态度资源的处理上与源文存在一定差异，源文中部分态度资源的级差或被加强、减弱、或缺失。其中马瑞志译文在态度意义极差一致、无漏译态度意义方面较为接近源文。我们将从两个方面探讨出现差别的原因。

第一，受译者动机的影响。译者翻译的动机受目标读者和目标功能的影响。马瑞志作为美国汉学家，其目标读者主要是对中国古典文化感兴趣却知之不多的西方人。通过他的翻译可以让西方读者了解这部著作，进而了解中国文化。马照谦是中国学者，其目标读者大部分是了解中国文学而且对英语感兴趣的中国人。由于动机不同，两位译者的翻译风格也有所差别。比如，在翻译文化负载词时，马瑞志往往直译，并用额外信息进行解释，而马照谦则倾向于翻译出内在涵义。例如，马瑞志将"天子富于春秋"译为"The Son of Heaven (Emperor Ch'eng) is still rich in springs and autumns (i.e., still young)"，马照谦将其译为"The emperor is too young"。因此，马瑞志译文在态度意义极差一致、无漏译态度意义方面与源文较为接近。

第二，受源文的影响。《世说新语》以古汉语编写而成，古汉语在词汇和句式上不同于现代汉语，现代中国人有时也较难准确把握其意思,对外国人往往难度更大。《世说新语》中有不少四字短语,如"渊综广博""萧萧肃肃""爽朗清举""豁情散哀"和"洁行廉约"等。准确地翻译这些短语并考虑其节奏韵律并不容易,再加上要考虑级差的一致性,就更非易事了。同时,《世说新语》中一些态度资源和典故相关,例如,"延陵之高""丧明之责"和"吞炭漆身"远远不止表面意思。要想正确翻译与典故有关的词,不仅要准确了解这些典故,还要明白人物当时所处的语境。因此,两部译文对态度资源强度、表达方式的处理上与源文有一定差别,存在态度意义的强弱程度高于或低于源文,以及态度缺失的现象。

11.4 结语

通过对《世说新语》及其两部英译中态度资源的对比分析,我们发现:《世说新语》源文存在大量态度资源,其中情感类出现的次数最多,评判其次,鉴赏最少。这些态度意义有积极的也有消极的,其表达方式有显性的也有隐性的,其中积极、显性的资源占多数。两部译文中超过一半态度资源的英译都与源文的态度意义与级差一致,但也存在一部分级差被加强、减弱或缺失的情况。总体来说,马瑞志译文中态度一致的比例高于马照谦译文。译文与源文的差异,以及不同译文之间的差异受译者动机和源文语言特点的影响。

12. 文学名著改写本对原著的经验重构[①]
——基于对《神笔马良》及其简写本、扩写本的功能文体分析

12.1 引言

本文从功能文体学及物系统角度，比较《神笔马良》原著及其简写本、扩写本在经验重构上的前景化差异并分析其动因。前景化、动因和主题是功能文体学研究的重要考察因素。以往的功能文体分析大多针对同一语篇，较少对比主题相关的多个语篇的不同前景化特征，其缺点是有可能产生片面、不完整的结论（张德禄，2007：12－13）。通过对主题相关的多个语篇间的比较，可以辨明不同情景语境下的前景化差异并揭示对语篇整体意义的影响。

前期研究表明，系统功能语言学能够从篇章语义角度为原著与改写本的语言复杂性和易读性问题提供有效解释（陈瑜敏、黄国文，2014；黄国文、刘衍，2015；Chen，2016；陈瑜敏、邹妍妍，2016）。此类研究尚处于起步阶段，鲜见对汉语原著与改写本的功能文体分析。本文通过对比《神笔马良》

[①] 此文原刊于《北京科技大学学报（社会科学版）》2018年第2期，作者陈瑜敏、鞠雪。

以及情景语境各异的简写本和扩写本，分析不同的前景化特征并探讨其动因。

12.2 理论回顾

12.2.1 功能文体学

本文的功能文体学特指以 Halliday 系统功能语言学为基础的文体学派（申丹，2000；刘世生、宋成方，2010）。Halliday（1964/2002：5-6）早在 20 世纪 60 年代就提出，语言学的语法、语义和音系理论可用于文体分析。其论文《语言功能与文学文体》（Halliday，1971）是功能文体研究的典范，对文体学的意义在于：一是将文体研究扩展到经验表达领域，有利于揭示人物活动和观察世界的特定方式；二是其语言分析的系统性（申丹，2000：24）。Halliday（1971/2002：99）认为，突出是语言学意义上的强调，系统功能文体学关注"有动因的突出"，即前景化。当某个突出的语言特征与语篇整体意义和情景语境相关，对作品整体意义有贡献，就是前景化。突出可被视为性质上或数量上的突出，Halliday 倾向于把突出视为获取常规和数量上的突出（张德禄，1999：44）。

功能文体学强调突出与主题意义的关系，与主题意义相关的突出是有动因的突出，体现为词汇语法选择（Halliday，1971/2002：105）。Hu（2010）曾比较佛勒斯小说《占星家》两个版本在视角、词汇语义和隐喻方面的文体特征，揭示改版后作品与原作风格的差异。但总体上看，从语篇间关系的视角进行文体分析仍属少见，尤其鲜见对汉语原著和简写本、扩写本的语篇间分析,本文希望在这方面做出努力。

12.2.2 经验构建和汉语及物系统

功能语言学在文体分析中最为经典的理论是元功能和及物系统(宋成方、刘世生,2015:208)。汉语及物系统与英语有共通之处,同时也存在其独特的性质。系统功能语言学的经验意义关注人们如何通过语言表征外部世界和个体意识,在词汇语法层由及物系统体现,以动词词组体现的过程为核心,将经验构建为包含过程、参与者和环境成分的结构(Halliday & Matthiessen, 2014:213)。英语及物系统包括物质、行为、心理、言语、存在和关系六类过程,不同过程类型小句"为文本的经验解释做出独特贡献"(Halliday & Matthiessen, 2014:219)。与英语及物系统不同,汉语及物系统包括物质、关系、言语和心理四类过程,存在过程融入关系过程的范畴(Halliday & McDonald, 2004:354)。各类过程在结构和语态选择方面也与英语及物系统不同,下文结合例子具体分析。

12.3 原著与简写本、扩写本的关系

本文以《神笔马良》及其两部简写本和一部扩写本为研究对象。《神笔马良》由著名文学理论家洪汛涛于20世纪50年代创作,是享誉世界的经典文学名著(洪运,2013:126)。手握神笔的少年马良形象深入人心,已成为中国儿童智慧、勇敢和正义的化身。由原著改编的《神笔》是第一部在国际上获奖的中国美术片,是中国童话走向世界的标志(李传新,2011:72)。与原著进行对比分析的简写本1选自小学三年级

语文教材，简写本2是儿童漫画《神笔马良》的文本，扩写本由原作者洪汛涛改写。

根据改写本的主题与原著是否一致，分为非颠覆和颠覆；根据改写本在情节上与原著是否相似，分为正关联和负关联（马力，2004）。《神笔马良》的简写本、扩写本保留了原著大部分的情节和人物，文本之间存在关联。同时，简写本、扩写本对马良的智慧、勇敢和正义的形象塑造与原著一致，并没有颠覆原著的角色形象。因此改写本与原著在情节上关联，在主题上非颠覆，这为各版本之间的比较提供了基础。

改写本对原著的经验重构伴随目标读者的变化，对原著的改写和重构须关照变化了的读者需求。我们假设：在改写本对原著经验重构过程中，由于情景语境和目标读者变化，在保留原著主题意义的同时融入了新意义。下面具体说明。

12.4 原著与简写本、扩写本经验构建对比

语言学文体学的任务是发现语言学特征并联系文本意义进行比较和分析（Halliday，1988：vii）。我们先分析物质、关系、言语和心理过程在各版本中的文体突出情况，再进一步比较经验重构的不同前景化方式并讨论其动因。

改写本的篇幅与原著相比有较大变化，原著包含316个以动词词组为中心的过程，而简写本1、2分别只有174和186个过程，扩写本则增加到816个（见表12.1）。物质过程在各版本中比例最高，原著和改写本有一半以上的过程为物质过程（51.47%～60.75%）。根据物质过程是否携带目标，有及物和不及物之分。及物过程强调改变和创造，带有明确目标，而

不及物性过程表示发生或行为,只有动作者而没有明确目标,往往带有修饰动作幅度、时间和程度的范围(Halliday & Matthiessen,2014:238)。各版本及物和非及物过程比例如表12.2所示。

表12.1 原著和简写本、扩写本过程类型比较

过程类型	原著	简写本1	简写本2	扩写本
物质	175 (55.38%)	100 (57.47%)	113 (60.75%)	420 (51.47%)
关系	60 (18.99%)	30 (17.25%)	18 (9.68%)	170 (20.83%)
言语	25 (7.91%)	22 (12.64%)	17 (9.14%)	86 (10.54%)
心理	56 (17.72%)	22 (12.64%)	38 (20.43%)	140 (17.16%)
合计	316 (100%)	174 (100%)	186 (100%)	816 (100%)
字数统计	2,928	1,414	1,331	8,515

表12.2 原著和简写本、扩写本及物与非及物过程比较

物质过程	原著	简写本1	简写本2	扩写本
及物	107 (61.14%)	56 (56%)	66 (60%)	230 (54.76%)
非及物	68 (38.86%)	44 (44%)	44 (40%)	190 (45.24%)
合计	175 (100%)	100 (100%)	110 (100%)	420 (100%)

原著和简写本、扩写本均有一半以上的物质过程为及物结构（54.76%～61.14%）。及物性物质过程有不同的语态选择，从而形成不同的前景化。

12.4.1 "把"字结构和"被"字结构的不同用法

Halliday & McDonald（2004：372）归纳了汉语物质过程的三种语态：中动式、被动式和处置式。被动式一般由"被"字结构体现（包括口语和小说文体的"给"字结构），基本结构为"目标∧被+动作者∧过程"。处置式往往由"把"字结构体现（包括更为正式的"将"字结构），基本结构为"动作者∧把+目标∧过程"。

Halliday（1992/2003：206）指出，通过语态选择，小句的参与者获得了不同的语篇地位，因此语态系统会影响语篇的信息结构。及物结构的三种语态虽然在某种程度上可以互换，但在组篇信息结构和语义上各不相同。从组篇意义看，"把"字结构将动词置于小句末端新信息位置，表示如何处置，通常用于完成时态，表示解决、处理（王力，1984：116-133）。由于过程紧跟目标之后，"把"字结构的新信息焦点为动作过程本身，强调动作的结果（Li，2007：196）。汉语被动语态与英语相比，除了没有动词形式变化以外，在语义上也有差别。英语被动语态一般不带感情色彩，而汉语被动语态具有明显的情感语义负载，往往带有"不情愿"的负面含义，如"被偷""被打""被杀"等（Halliday & McDonald，2004：373）。与"把"字结构相比，"被"字结构更强调逆境和不幸（Li & Thompson，1981：493）。从作格的角度，典型"被"字结构带有施事（即导致动作发生的外在因素），与英语作格小句的关注点放在施事本身不同,汉语"被"字结构的焦点更多在动词过程本身(Halliday & McDonald, 2004:373)。可见"把"字和"被"字结构在组篇意义和人际意义上有不同的侧重点。我们以故事主人公马良为例,比较各版本以马良为目标的"把"字结构和"被"字结构的不同用法。

原著和简写本1、2中以马良为目标的物质过程均使用"把"字结构,而扩写本则绝大部分使用"被"字结构(见表12.3)。

表12.3 原著和简写本、扩写本以马良为目标的"把"字结构与"被"字结构比较

语态结构	原著	简写本1	简写本2	扩写本
把字结构	7	6	7	1
被字结构	0	0	0	6

可见原著和简写本前景化"把"字结构,而扩写本前景化"被"字结构。例如:

(1) 原著:财主就把他关在一间马厩里,也不给他饭吃。(洪汛涛,1981:4)

简写本1:大官气极了,就把他关在了监狱牢里。(韩绍祥,2003:143)

简写本2:财主气极了,把他关在马厩里,冻他、饿他。(李治中,2010:9)

扩写本:庄园主很是恼怒,喝道:"将这匹不听话的野马,关到马厩里去,让他清醒清醒。"马良被家丁送进了空荡荡的马厩。(洪汛涛,2011:9)

例(1)叙述马良进监狱/马厩的情节,原著和简写本使

用"把"字结构,突出处置结果"关在……里",同时将动作发出者"大官/财主"置于主位,与前一小句"大官气极了/财主气极了"和后一小句"也不给他饭吃/冻他、饿他"中省略的主位形成一条衔接的主位链,上下文建立起语篇连贯。而扩写本使用"被"字结构,前一小句"让他清醒清醒"中的新信息"他"在下一小句中作为信息的出发点,"马良"是物质过程的目标同时也是小句主位,明确了施动者"家丁",在人际意义上"被"字结构突出了对马良不幸遭遇的描述。

可见"把"字结构和"被"字结构在各版本中被不同程度前景化。原著和简写本前景化"把"字结构,连同上下文省略的主位形成衔接的主位链,突出处置的结果;而扩写本前景化"被"字结构,突出动作过程本身并带有明显的人际语义负载。

12.4.2 各类关系过程的改写

汉语关系过程包括存在型、修饰型和认同型三个子类,根据参与者属性不同,修饰型关系进一步分为环境型、所有型、归属型和分类型四个小类,因此共有六类关系过程(Halliday & McDonald,2004:354-357;Li,2007:49)。由表12.1可知,简写本1和扩写本基本保持原著关系过程的比例(分别为17.25%、20.83%和18.99%),而作为漫画文本的简写本2的关系过程比例则大幅减少(9.68%),具有明显的文体突出现象,因此本部分主要比较原著和简写本2的关系过程。

简写本2中各类关系过程都不同程度减少,其中修饰型关系的删减最为显著（见表12.4）。

表12.4 原著和简写本2中六类关系过程比较

版本	关系过程							
	存在型	修饰型					认同型	合计
		环境型	所有型	归属型	分类型	小计		
原著	8 (13.33%)	4 (6.67%)	11 (18.33%)	22 (36.67%)	13 (21.67%)	50 (83.33%)	2 (3.33%)	60 (100%)
简写本2	5 (27.78%)	0 (0%)	4 (22.22%)	5 (27.78%)	2 (11.11%)	11 (61.11%)	2 (11.11%)	18 (100%)

简写本中，而存在型和认同型关系比例有所上升，见表12.5。下面举例分析。

表12.5 简写本2对原著各类关系过程的改写

		例句	过程类型
(2)	原著	天下没有不透风的墙，消息很快地传进了邻近村里一个大财主的耳朵。	存在型关系过程
	简写本2	不料这个消息传到了一个大财主的耳朵里。	省略关系过程
(3)	原著	马良年纪虽小，却生来是个硬性子。他看透有钱人的坏心肠。	归属型关系过程 分类型关系过程
	简写本2	马良看透那些有钱人的坏心肠。	省略关系过程
(4)	原著	马良有了这支神笔，天天替村里的穷人画画。	所有型关系过程
	简写本2	从此，他拿了这支神笔天天替村里的穷人作画。	物质过程
(5)	原著	马良出了财主的家，他知道在村里是不能住了。	作为物质过程次过程的环境型关系过程
	简写本2	马良逃出了财主家。	省略关系过程

存在型关系只有一个参与者（即存在者），典型动词为表存在的"有""发生""出现"，动词后面紧跟存在者，结构为"（表地点的）环境成分∧存在型关系过程∧存在者"。例（2）原著的存在型关系"天下没有不透风的墙"在简写本中被省略，取而代之的是表转折关系的连词"不料"。小句间的逻辑语义关系也发生了变化，原著小句之间是加强型联合关系，前一小句是对后一小句原因的加强、扩展。而简写本将复合小句改写为简单句，连词"不料"表明这一小句与前一小句之间是转折关系。归属型关系的突出特点为分级性（Halliday & McDonald，2004：359），可以被"很""非常""比……更"等副词修饰，往往由带有形容词特征的动词体现属性。分类型关系将载体归为某个类别，与认同型关系不同在于其载体和属性不能互换位置。例（3）原著中"马良年纪虽小"是归属型关系，具有可分级性特点，"生来是个硬性子"是分类型关系，是对马良性格的归类型描述。这两个关系过程由"虽……却……"连接，在逻辑语义上属于延伸型联合关系。而简写本的相应情节则删除了这两个关系过程。所有型关系的典型动词是"有"，与存在型关系的区别在于其载体是所有者，属性为所有物。例（4）原著"马良有了这支神笔"是所有型关系，与后一小句之间是表条件的主从加强逻辑关系。而简写本改写为物质过程"他拿了这支神笔"，与后一小句之间是表方式的联合加强关系。将所有型关系改写为物质过程使简写本具有更多的动态特征。环境型关系可以置于汉语物质过程之前，充当修饰成分延伸、补充物质过程（Halliday & McDonald，2004：364）。例（5）原著的环境过程"在村里"作为物质过程"不能住了"的次过程,该物质过程又是更大的心理过程"他知道"的被投射小句。简写本则省略了整个投射句,只保留了前一小句"马良逃出了财主家"。认同型关系包括标示和值两个参与者,其中"标示"和"值"的位置可以互换,例如"他的名字叫马良""马良是他的名字"。认同型关系在原著和简写本中变化不大。

可见除认同型关系外,其他五类关系都不同程度删减或改写为其他过程。关系过程的删减可使主要情节在文体上更为突出(如例2),其中修饰型关系的删减可使文本更简洁、直接(如例3、5),将修饰型关系改写为物质过程可增强叙述的动态特征(如例4),但在一定程度上也改变了原著的文体特征。

12.4.3 原话引述与间接引述比较

言语过程属于投射的逻辑语义关系,根据被投射句是否呈现语言事件,可分为原话引述和间接引述,即传统语法的直接引语和间接引语。其中原话引述再现原语言事件的措词,投射句与被投射句之间是并列关系;而间接引述投射意义而不是原措词,投射句与被投射句之间是主从关系(Halliday & Matthiessen, 2014: 508)。除了言语内容,参与者也是汉语言语过程的重要考虑因素。说话人是汉语言语过程唯一必须的参与者,例如"他已经回答了"只有一个参与者"他",而说话内容("他已经回答了问题")、受话人("她对我说过这件事")和目标("他们都怪你,")属于可选成分(Halliday & McDonald, 2004: 368)。根据参与者的类型和有无,汉语言语过程包括七种结构:①说话人+言语过程;②说话人+言语过程+说话内容;③说话人+言语过程+言语事件(即原话引述);

④说话人+言语过程+受话人；⑤说话人+言语过程+受话人+说话内容；⑥说话人+言语过程+受话人+言语事件；⑦说话人+言语过程+目标（Li，2007：56）。

原著和扩写本中原话引述和间接引述各占一半左右，比例较为平衡，而简写本中原话引述和间接引述的比例十分悬殊（见表12.6）。

表12.6　原著和简写本、扩写本原话引述和间接引述比较

言语过程	原著	简写本1	简写本2	扩写本
原话引述	13（52%）	19（86.36%）	3（27.27%）	39（45.35%）
间接引述	12（48%）	3（13.64%）	8（72.73%）	47（54.65%）
合计	25（100%）	22（100%）	11（100%）	86（100%）

值得注意的是，虽然两部简写本都是对原著的简化，但在投射方式选择上相去甚远。作为教材语篇的简写本1前景化原话引述，86.36%的言语过程投射语言事件的措词；而作为漫画文本的简写本2则前景化间接引述，72.73%的言语过程投射意义而非措词。例如：

（6）原著：马良一心想夺回神笔，<u>他假意应承下来</u>。（洪汛涛，1981：8）

简写本1：马良想夺回神笔，<u>就一口答应，说："好，就给你画一回吧！"</u>（韩绍祥，2003：144）

简写本2：马良心想先把神笔拿回来再作道理，因此<u>也就答应了</u>。（李治中，2010：22）

扩写本：<u>他假装答应下来，对皇帝说："要画什么，我都给你画。不过，我画不像，画不好，可别怪我。"</u>（洪汛涛，2011：14–15）

(7) 原著：（马良）对教师说："我很想学画，能借给我一支笔吗？"（洪汛涛，1981：1）

简写本 1：他对大官和画师说："请给我一支笔，可以吗？我想学画画。"（韩绍祥，2003：141）

简写本 2：（马良）想向先生借笔。（李治中，2010：1）

扩写本：（马良）向画师请求说："我很想学画画，借给我一支笔可以吗？"（洪汛涛，2011：2）

例（6）原著的"应承"和简写本 2 的"答应"概括了主要言语行为，省略了具体如何应承和应承的内容，结构为"说话人+言语过程"。简写本 1 和扩写本以原话引述方式补充会话信息，结构为"说话人+言语过程+言语事件"，两者的区别在于简写本 1 投射简单句，而扩写本投射复合小句，言语事件更为复杂。原话引述扩展了言语内容，使应承的行为更加完整。例（7）原著、简写本 1 和扩写本均以原话引述方式投射马良因为想学画而向画师借笔的言语事件，以直陈语气体现陈述信息的功能（想学画），以疑问语气的隐喻式体现请求的言语功能（借笔）。就参与者而言，除说话人马良外，还包括以环境成分呈现的受话人，结构为"说话人+言语过程+受话人+言语事件"。与此不同，作为漫画文本的简写本 2 将原话引述改写为心理过程（"想"）和物质过程（"借笔"），投射心理事件而不是言语事件，投射动词也由原著的"说"改写为"想"。相对于保留完整会话信息的原话引述，间接引述对言语信息进行浓缩精简和二次加工，只保留基本意义。

12.4.4　心理过程比较

除言语过程外，心理过程也具有投射特征，但投射的不是言语事件而是思想。汉语心理过程有情感型（如"她很害怕"）、愿望型（如"我想去北京"）、认知型（如"他认为你错了"）和感知型（如"我担心那人看见"中的"看见"）四类（Halliday & McDonald，2004：370）。心理过程须有感知者，而引起心理过程的现象不一定在小句中出现。四类心理过程在各版本中使用情况如表12.7所示。

表12.7 原著和简写本、扩写本心理过程比较

心理过程类型	原著	简写本1	简写本2	扩写本
情感	10（45.45%）	15（40.54%）	20（37.04%）	42（30.00%）
愿望	3（13.64%）	4（10.81%）	4（7.41%）	12（8.57%）
认知	4（18.18%）	10（27.03%）	11（20.37%）	47（33.57%）
感知	5（22.73%）	8（21.62%）	19（35.18%）	39（27.86%）
合计	22（100%）	37（100%）	54（100%）	140（100%）

原著和简写本情感过程比例最大（37.04%~45.45%），而扩写本情感过程比例下降（30.00%），认知过程在扩写本中所占比例最大且增幅最大（见表12.7）。可见原著和简写本前景化情感型心理过程，而扩写本则前景化认知型心理过程。例如：

（8）原著：马良心里<u>恨透了</u>，哪肯给皇帝画画呢！（洪汛涛，1981：6）

简写本1：马良<u>恨透了</u>大官。（韩绍祥，2003：143）

简写本2：马良从心里就<u>恨透了</u>皇帝。（李治中，2010：18）

扩写本：马良<u>知道</u>这个皇帝，向来不顾平民死活欺压百姓，是个坏皇帝。（洪汛涛，2011：14）

例（8）原著包括两个心理过程，分别是情感型（"马良心里恨透了"）和愿望型（"哪肯给皇帝画画呢"），其中前者包含感知者而没有给出心理过程的现象。简写本1、2删减了愿望过程，只保留情感过程，与原著相比简写本不仅包含感知者，还具体说明了引起情感过程的现象。相比之下扩写本变化最大，原著的情感和愿望过程被改写为认知过程（"马良知道这个皇帝"），在态度意义方面（Martin & White，2005）也从原著的显性情感铭刻（"恨透"）转变为显性判定铭刻（"坏皇帝"），并伴随隐性态度表达（"向来不顾平民死活欺压百姓"）引发读者对皇帝的负面判定，从而为显性判定"坏皇帝"提供依据。

情感型心理过程表示主体的喜怒哀乐等心理活动，而认知型心理过程则关注主体的认知、思考和理解。认知型和愿望型属于较高层次的心理过程，而感知型和情感型属于较低层次的心理过程（Halliday & Matthiessen，2014：355）。各版本分别前景化情感型和认知型心理过程，与情景语境和整体意义有关。下面讨论不同前景化的动因。

12.5 讨论：不同前景化的动因分析

前景化的动因与文学语篇的整体意义和情景语境相关（申丹，1997；张德禄，1999）。词汇语法层被前景化的突出特征体现意义的多层次性，在情景语境中起到突出的作用。而文学语篇的情景语境具有多层次性，作者通过语言艺术使读者得到艺术享受是第一层次情景语境，与语篇内容相关的是第二层次情景语境，第二层次情景语境实现第一层次情景语境

（张德禄，1999：46）。简写本、扩写本相对于原著，由于语篇外的第一层次情景语境发生了变化，语篇内的第二层次情景语境也相应变化，情景语境的复杂性体现为语义的多重性和词汇语法层不同的前景化特征。

《神笔马良》的原著和改写本均包含较高比例的及物性物质过程，强调事件的发生、改变和创造，文本具有的明显的动态特征，这与弘扬勇敢正义、战胜邪恶势力的主题意义（即第一层次情景语境）有关。但分析进一步表明，在以马良为目标的及物结构语态选择上，各版本具有不同的前景化特征。原著和简写本前景化处置式"把"字结构，突出处置的结果，同时在小句间建立起衔接的主位链；而扩写本前景化被动式"被"字结构，突出动作过程，使前一句的信息焦点成为下一小句的主位，并增加了情感语义负载。词汇语法层不同的前景化特征体现了语义层组篇意义和人际意义的变化，不仅与语篇内部第二层次情景语境相关，还与语篇外部的第一层次情景语境相关。篇幅相对短小的原著和简写本面向少儿读者，因此叙述更着重事件的结果，同时主位推进方式也更简单明了。而篇幅较长的扩写本面向阅读水平较高的读者，因此有较多空间对事件过程以及其中掺杂的情感因素进行发挥，同时主位推进方式也更为复杂多样。

不仅数量上超常频率的增加属于前景化，数量上反常规的减少也是与情景语境和语篇整体意义相关的文体突出。作为漫画文本的简写本2与其他版本相比关系过程大幅减少，其中修饰型关系删减最为显著，致使小句间逻辑语义关系发生变化。作为漫画文本，简写本2的图像占较大版面而文本篇幅较小，文本与图像协同互补，共同为语篇整体意义服务。删减关系过程可使改编者在有限篇幅内突出故事的主要情节,使文本更简洁、直接。将部分关系过程改写为物质过程也增强了叙述的动态特征,对于漫画文本的情景语境更为适切。

与其他版本相比,简写本中原话引述和间接引述的比例十分悬殊,并且两类简写本的前景化投射方式差异显著。作为教材语篇的简写本 1 主要采用原话引述,而作为漫画文本的简写本 2 则以间接引述为主。原话引述补充了会话信息,使言语事件更为完整;间接引述概括了言语行为而省略了言语事件的具体内容,更为精简。从言语功能看,原话引述可以通过直陈、疑问、祈使等语气来体现言语功能,保留称呼和叹词、语调选择和文本接续等交互式特征,而间接引述由于高度浓缩,往往减少了对话的交互式特征(Halliday & Matthiessen, 2014:510-512)。简写本 1 作为教材语篇,前景化原话引述保留具体完整的会话信息,有助于教学目标的实现和教学过程的开展。简写本 2 作为漫画文本,处于版面的边缘,与有限空间相对应的是精简高效的间接引述,以及改写后的心理和物质过程,保留了情节和基本意义而凝练了会话信息,与其高度概括的特征和交际情景相符。

在心理过程方面,原著和简写本前景化处于较低层次的情感型心理,而扩写本前景化处于较高层次的认知型心理,相应的态度语义类型也从人物自身情感转变为对人物品德和行为的判定。扩写本服务于阅读水平较高的读者,相对于情感的传递,认知过程的增加为态度表达提供了理据和支持,引发读者的思考和共鸣,使情节发展更有据可依。

12.6 结语

由于情景语境和交际目的变化,作为教材语篇、漫画文本的简写本以及扩写本在对原著的经验重构中,在及物结构语态选择、言语过程引述方式、关系过程删减方面具有不同的前景化特征。与单一语篇的文体分析相比,对同一主题的多个语篇的文体对比分析更能有效揭示多层次情景语境和语篇整体意义的前景化动因。由分析可见,文学原著改写本的图文关系和人际语义也是前景化的重要考量因素,今后研究可进一步在多模态文体学(雷茜、张德禄,2016)和评价文体学(彭宣维、程晓堂,2013)研究框架中系统探讨。

本文考察的原著、简写本和扩写本的出版信息如下:

原著:洪汛涛. 神笔马良. 北京:人民文学出版社,1981.

简写本1:韩绍祥. 神笔马良. 北京:人民教育出版社,2003.

简写本2:李治中. 神笔马良. 北京:人民美术出版社,2010.

扩写本:洪汛涛. 神笔马良. 浙江:浙江文艺出版社,2011.

13. 奥运电视公益广告多模态评价意义的构建[①]

13.1 引言

公益广告起源于20世纪40年代初的美国，其宗旨在于增进公众对社会问题的了解并影响其对此类问题的看法和态度，改变其行为从而促进社会问题的解决或缓解（高萍，1999：9-11）。在我国，最早的电视公益广告是1986年贵阳电视台制作播出的"节约用水"，1987年中央电视台创办了每天定时播出的电视公益广告栏目——"广而告之"（唐忠朴，1997）。随着"广而告之"的极大成功，"中华好风尚""自强创辉煌"等主题公益广告月活动的开展以及各省市电视台电视公益广告固定栏目的开辟，不少优秀电视公益广告以其抑恶扬善的社会责任感、深刻而丰富的内涵和新颖灵活的艺术样式深入人心并产生了巨大的社会效应。我国电视公益广告的成功与众多内在因素和外在动力分不开，其中体现态度、情感和价值观的语言资源，以及文字与电视画面相得益彰的艺术表现手法是不容忽视的。

[①] 此文原刊于《北京科技大学学报（社会科学版）》2008年第3期，作者为陈瑜敏。

随着电视公益广告的蓬勃发展,其理论研究也方兴未艾。除了政府及其相关部门积极倡导理论建设外,学者们也从新闻学、广告学等方面进行探讨(张明新、余明阳,2004)。有的关注电视公益广告的艺术特征和社会作用(唐忠朴,1997),考察其价值取向与编辑风格(朱勇、张晓锋,2003),也有的谈论其语言特征(史萍,2004;郭燕,2007),但大多对电视公益广告语言特点的研究属于感性的随想式评论,从语言学角度出发的一些语篇分析也并未涉及电视公益广告一个突出的方面——电视画面的功能。本文以系统功能语言学中的评价系统(Martin & White,2005)和社会符号学(Halliday,1978)的视觉分析法(Kress & van Leeuwen,1996)为理论框架,采用实证法,考察2007年中央电视台"迎奥运、讲文明、树新风"电视公益广告的语言和电视画面资源是如何构建评价意义、调动观众的情感并进行价值导向的,并从语言学和社会符号学角度探讨其带给人们感动和鼓舞的原因。

13.2 理论框架:评价系统与视觉分析法

评价系统(appraisal systems)是系统功能语言学在人际意义研究方面的新发展,是 Martin 等人从 20 世纪 90 年代初起在研究叙事语篇、文学评论、媒体、科技、历史文本和行政话语评价性词汇语法资源的基础上建立的,系统地研究赋值语义(semantics of evaluation)的理论框架(胡壮麟等,2005:316;王振华,2001)。评价系统中所关注的评价(evaluation),包括"语篇中协商的各种态度、所涉及情感的强度、以及价值来源的方式和联盟读者方式"(Martin & Rose,2007:25);它位于话语语义层，属于描述人际意义的三个语义资源系统[即评价（appraisal）、协商（negotiation）和卷入（involvement）之一]（Martin，1997：18-20；Martin & White，2005：35）。

评价性资源按照语义可分为态度（attitude）、介入（engagement）和分级（graduation）三个子系统。态度子系统包括情感（affect）、判定（judgement）和鉴别（appreciation）三方面，分别对应传统说法中的个人感情、伦理道德和审美。与生俱来的情感位于态度系统的中心，而判定和鉴别可以看作制度化了的个体情感。判定是关于人们的行为和品格的评价，可分为社会尊严（social esteem）和社会约束（social sanction），前者评价行为是否规范（normality）、是否有做事能力（capability）和是否坚忍不拔（tenacity），而后者则评价是否真实可靠（veracity）、行为是否正当（propriety）。正面的社会尊严表达值得钦佩赞美的评价，负面含义则表示应受批评；正面的社会约束则表达表扬性的评价，而负面含义表达应受法律谴责和制裁。鉴别属于美学范畴，是关于人造事物和自然现象的评价，可细分为对事物的反应（reaction）、事物的构成（composition）和价值（valuation）三个方面，同样有正面和负面含义之分（Martin & White，2005：42-58）。态度系统在词汇语法层的实现形式可以是带有明确评价意义的内嵌式（inscribed），如It was because of our ignorance，也可以是含蓄的、但已暗示评价意义的激发式（invoked），一般通过比喻或选择特定的概念意义来实现，如He felt like a spare part 和 They smashed our way of life（Martin & White，2005：61-68；王振华，2001）。

介入子系统是关于"价值来源的方式和联盟读者方式"，

包括自言（monogloss）和借言（heterogloss），根据其他声音或立场介入作者声音的不同方式，介入意义可分为否认、声明、引发和摘引四大类（Martin & White，2005：94-98）。分级子系统是关于"所涉及情感的强度"，包括语势（force）和聚焦（focus）两个互补的方面，分级资源跨越整个评价系统，或增强（raise）/减弱（lower）可分级的评价意义，或明显（sharpen）/模糊（soften）不可分级评价意义所属的范畴（Martin & White，2005：135-137）。整个评价系统的概观如图13.1所示。在系统网络的符号标写方法中，直角括弧"["表示析取选择，即在可供选择的项目中只能选其一；大括弧"{"表示合取选择，即在可供选择的若干子系统中对每一个子系统都要同时进行选择（胡壮麟等，2005：56）。

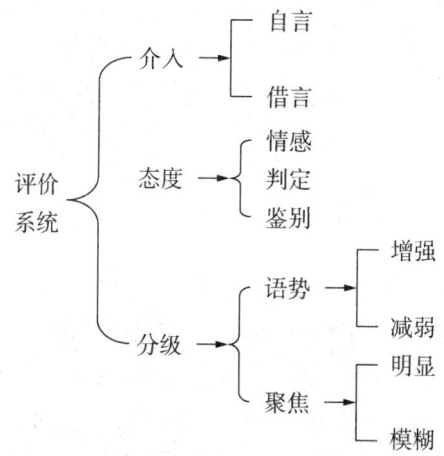

图13.1 评价系统概观（Martin & White，2005：38）

与粒子型的概念功能和格律型的语篇功能不同，人际功能对应的结构类型及其实现方式是韵律型的（prosodic）（Martin，1997：17；Halliday，1979/2002：209)，即体现人际意义的资源并非局限于某个小句成分，而是像音乐韵律一般贯穿于整个语篇的发展过程。如果该语篇包括语言和非语言符号，那么在考察人际意义时，各种符号资源都应予以考虑。评价性资源同样具有这种韵律型的实现方式，"随着语篇的展开，各种评价性选择互相回应产生共振效果……这种韵律型样式构建了评价者的'立场'或'声音'，从而表明围绕共享价值而建立起来的社会团体的类型"（Martin & Rose，2007：59)。

　　本文所研究的电视公益广告是包括语言和画面两种符号资源的多模态语篇。所谓"多模态（或多模式)"，指的除了文本外，还带有图像、图表等的复合话语，或者说由任何一种以上的符号编码实现意义的文本（李站子，2003)，因此在分析多模态语篇里评价意义的韵律型实现方式前，有必要对视觉语法理论（Kress & van Leeuwen，1996）中关于互动意义的部分进行介绍。概念、人际和语篇三大元功能并非语言符号独有，而是包括视觉符号在内的所有符号模式的共同特征，Kress 和 van Leeuwen 从接触、社会距离和视角等多方面探讨了观看者与图像中参与者的互动意义（Kress & van Leeuwen，1996：40-42)。当图像中参与者的目光指向观看者时，目光的矢量形成了一种想象的接触（contact)，表达了向观看者"索取"的意义；当目光不指向观看者时，这种接触不存在，图像参与者成为被观看的对象，表达"提供"意义。图像的社会距离（social distance）与镜头取景的框架大小有关，由近到远依次可分为亲近距离、个人近/远距离、社会近/远距离和公共距离，社会距离是由社会关系所决定，而镜头的伸缩能让观看者产生图像中的参与者近如朋友或远如陌生人的感觉。除了以行动或知识为导向的客观图像外，大部分图像都是体现出多样化视角（point of view）的主观图像，从水平角度看，正面视角给观看者带来卷入的感觉，而倾斜视角则表现出作为旁观者的超然；从垂直角度看，仰视表明权势偏向图像中的参与者，平视表达平等的关系，而俯视则表明权势在观看者一方（Kress & van Leeuwen，1996：119－158）。

关于图像对语篇评价意义的构建，Martin（2001）指出，图像（image）在为后续语篇建立评价定位（evaluative orientations）方面与比喻（imagery）有着相似的功能，因为它们都是通过激发式的手段引起读者心中的评价；图像与文字共同表达评价意义，当图像与比喻同时使用时，比喻能加强、明确图像的评价意义；而对于平面语篇，图像可以看作是后续文字的人际主位。

13.3　多模态评价资源分析

从 2007 年 3 月起，以"迎奥运、讲文明、树新风"为主题的大型义务公益广告活动在中央各大媒体中展开，并以其高度的思想性和艺术性在社会大众中引起强烈反响。本文的分析对象奥运电视公益广告"相信篇"全长约 2 分钟，于 2007 年 5 月 16 日晚开始在中央电视台播出，随即得到了社会的广泛好评。我们将从语言和电视画面两方面具体分析多模态资源构建评价意义的种类和方式。

13.3.1　语言部分的评价资源

基于 Labov 和 Waletzky（1967）关于口头叙述语篇的研

究，Martin 和 Rothery（1986）以及 Christie（1986）指出叙事语篇结构成分包括指向、进展、结局和回应四个部分（Huang & Ghadessy, 2006：105）。"相信篇"的语言部分同样包括这四个结构成分，为便于分析，我们将该语篇中的每个小句进行编号。

指　向　（1）大家好，我是演员濮存昕。（2）有人这样问过我："播出的一条公益广告，能不能改变我们生活中的那些陋习呢？"

进　展　（3）我说："不，公益广告对社会中的那些不文明的现象，也许不可能药到病除。"（4）但是我相信，一条公益广告就好像是一盏灯。（5）灯光亮一些，我们身边的黑暗就会少一些。（6）并且我更相信，每个人的心灵都像是一扇窗。（7）窗户打开，光亮就会进来。（8）我相信，文明就在我们身边，离我们很近很近，近得触手可及。（9）有时候，文明离我们只不过是十公分的距离。（10）有时候，也许只是几十厘米的宽度。（11）也有时候，可能只是一张纸的厚度。（12）我相信，其实文明就在我们心中，我们会在生活中不经意地流露着。（13）有时，多一个手势，对别人来说就是多一份体谅。（14）还有时，多一点耐心的等待，对别人来说就是一种关爱。（15）有时，多一点分享，对别人来说就是多一分温暖。

结　局　（16）我相信，我们每个人迈出一小步，就会使社会迈出一大步。（17）所以我发现，文明是一种力量。（18）就像奥运火炬传递一样，在每个人手中传递，也能够汇聚所有人的热情。（19）我相信你，相信屏幕前的你，更多的来发现、来释放自己文明的热情。

13. 奥运电视公益广告多模态评价意义的构建

回应 （20）文明的中国盼奥运。（21）迎奥运，讲文明，树新风。

下面先从评价系统中态度子系统的情感、判定和鉴别三个方面来分析语篇的评价意义。我们认为，对"心灵""文明"和"风（气）"等的评价属于判定意义，因为这些是对人们的品格心智、文明行为和社会群体风气的评判，而并非对无生命物体的鉴别。该电视公益广告语言部分态度系统的类别和分布情况如表 13.1 所示，其中标号 + 表示正面态度；- 表示负面态度；t 表示通过概念意义激发评价的记号（ideational tokens/invocations）（Martin & White, 2005：71 – 75）。

表 13.1　公益广告语篇态度系统分析

评价性语言资源	评价者	情感	判定	鉴别	被评价者
（不能）改变我们生活中的那些陋习	我			- 反应	公益广告
也许不可能药到病除	我			- 反应	公益广告
就好像是一盏灯	我			t, + 价值	公益广告
亮一些	我			+ 构成	灯光
就会少一些	我			+ 构成	黑暗
都像是一扇窗	我			t, + 真实	心灵
光亮就会进来	我			+ 反应	窗户打开
就在我们身边	我		+ 规范		文明
很近很近，近得触手可及	我		+ 规范		文明
只不过是十公分的距离	我		t, + 规范		文明离我们
也许只是几十厘米的宽度	我		t, + 规范		文明离我们

213

(续表13.1)

评价性语言资源	评价者	情感	判定	鉴别	被评价者
可能只是一张纸的厚度	我		t, + 规范		文明离我们
就在我们心中	我		+ 规范		文明
就是多一分体谅	我		+ 正当		多一个手势
耐心的	我		+ 坚忍		多一点等待
就是一种关爱	我		+ 正当		多一点等待
就是多一份温暖	我		+ 正当		多一点点分享
使社会迈出一大步	我		+ 能力		每个人迈出一小步
力量	我		+ 能力		文明
就好像奥运火炬传递一样	我		t, + 能力		文明
能够汇聚所有人的热情	我		+ 能力		文明
发现,释放自己文明的热情	我		+ 正当		你,屏幕前的你
文明的	我		+ 正当		中国
新	我		+ 正当		风
总计	判定意义	17 (73.9%)	内嵌式	12 (52.2%)	
			激发式	5 (21.7%)	
	鉴别意义	6 (26.1%)	内嵌式	5 (21.7%)	
			激发式	1 (4.4%)	

首先,从评价意义的种类看,该语篇没有表达个人喜怒哀乐的情感意义资源,评价性语言资源主要表达判定和鉴别意义,判定意义可看作是个体情感被制度化(institutionalized),成为对人们行为、品德的提议(proposal),而鉴别可看作情感被制度化为对事物价值、美感的陈述(proposition)(Martin &

13. 奥运电视公益广告多模态评价意义的构建

White，2005：45），这表明该公益广告的语言部分并非针对个人喜恶进行评判，而是着眼于群体行为和社会现象来构建其评价意义。

其次，从评价意义在整个语篇中的发展过程看，指向部分和进展的前半部分以鉴别意义为主，进展的后半部分、结局和回应则以判定意义为主，说明该语篇评价意义的构建是从对物的鉴别过渡到对人的判定。具体来说，开篇运用欲扬先抑的手法评论公益广告的作用，然后通过两个比喻逐渐过渡到人们敞开心扉、迎接光明的行动，并指出文明行为的寻常可见以及日常小事所反映的社会道德，接下来的结局部分则强调文明的力量，并将此类比奥运火炬传递的凝聚力，最后发出倡议，树立文明新风以迎接奥运，回应并总结全文。

再从各种评价意义所占比重看，判定意义较多（73.9%），鉴别意义较少（26.1%），表明主要以对人们的社会行为和道德品格的评判居多；两种评价意义都是内嵌式较多（52.2%和21.7%），激发式较少（21.7%和4.4%），这体现了该公益广告所采用的语言策略是明确地表明立场和态度，其中也穿插少量精辟的明喻和暗喻等修辞手法，形象生动地阐明道理，引发观众对语篇中所构建评价的共鸣。

下面从介入和分级两个子系统分析语篇的评价意义。在指示部分，说话者以自我介绍开篇，表明这是一篇独白，随即外部声音（即"有人"）介入语篇当中，引出对公益广告社会效应的疑问，这是介入中的"摘引"（attribute）"手段，即语篇中的声音将命题表现为一系列可能声音中的一个从而引起对话，该命题是建立在外部声音主体性的基础之上（Martin & White，2005：98）。接着说话者自己对这一问题进行了回答，

"也许"一词的使用降低了"不可能药到病除"的肯定性,属于"引发"(entertain)范畴,为下文的转折作铺垫。"引发"与"摘引"的相同之处在于两者都表明语篇中的声音将命题表现为一系列可能声音中的一个,从而引发对话,而不同之处在于"引发"中的命题是建立在语篇内部声音主体性(即说话人本身)的基础之上。"但是"这一转折连词在介入系统中属于"否认"(disclaim)中的"对立"(counter)范畴,表明所引出小句中的声音反对、挑战前一小句的立场。

"我相信""我更相信""相信"和"我发现"等表达在全文中一共出现了八次,属于介入系统中的"引发"范畴,在这些小句里,命题的来源都被明确标示为说话者"我",表现出说话者对信念的执著以及陈述时的自信和坚定,有利于增强语篇的说服力。"引发"和"摘引"这两类介入资源积极地为对话中的其他立场和声音留余地,同属于"对话的扩展"(Martin & White, 2005: 102 - 103)。在结局部分,电视屏幕前的观众(即"你")成为评价的对象,说话者在发出倡议之前,将语篇外的观众引入语篇当中,鼓励并要求观众参与到文明建设中来。这一"要求"意义在电视画面的配合下更为明确,我们在下文的画面分析中再详述。

语篇中使用了不少分级的评价资源,其功能是通过加强(up-scaling)或减弱(down-scaling)强度,进一步明确语篇中的评价意义。表达分级意义的语言资源跨越整个评价系统,"一些""很""(近)得……"修饰的是态度系统中的"亮""近"等鉴别和判定意义,其中"一些""很"属于分级系统中的"力度(force)"子范畴,而"(近)得……"属于"焦点(focus)"子范畴(Martin & White, 2005: 137 - 141);而

"就"这一分级资源则修饰介入系统,它加强了"光亮会进来"这一陈述的力度,更有利于联盟读者,加强评价意义。

13.3.2 电视画面的评价资源

该公益广告的电视画面可分为三类:说话者的特写镜头、形象化比喻以及选择特定概念意义的画面。下面分析这三类画面构建评价意义的资源和方式。

第一类画面是说话者的特写镜头,与这类画面对应的小句有(1)(2)(8)(12)(16)和(19),下面从画面的视角、社会距离、接触和内嵌情感意义四方面进行分析。与指向部分的(1)小句对应的画面是几乎空无一人的剧院,至于说话者,我们是未见其人,先闻其声;到了(2)小句,进入镜头的先是说话者的侧影,随后逐渐转为正面拍摄,接下来的画面也保持了这一正面角度,视角的转换能让观众产生从超然置于事外到卷入参与其中的转变。在社会距离方面,除了最初反映整个剧场的画面采用公共距离以外,这类画面一直采用半身特写镜头(medium close-up)和大特写镜头(extreme close-up),说话人占据整个画面并与观众保持着"个人近距离",脸部表情和手势动作也清晰可见。在接触方面,说话者开始并没有正视观众,而似乎在看镜头以外的采访者,说话者本身成为被观看的对象,画面表达的是"提供"意义;直到结局部分的(19),说话者才正视屏幕前的观众,目光的矢量形成了一种想象的接触,表达了"要求"的意义,与语言部分的(19)"我相信你,相信屏幕前的你,更多的来发现、来释放自己文明的热情"相配合,大大增强了倡议的力度。再从表情和手势动作看情感意义,说话者在叙述时一直保持微笑,并且这种积极的情绪随着叙述的开展逐渐增强,伴随的手势也反映了说话者越发激昂的心情,与最后的(19)相对应的是说话者最灿烂的笑容,以及与说出"文明的热情"时相配合的握拳手势。虽然该公益广告的语言部分并没有涉及个人感情,但说话者的情感通过特写镜头显而易见,也就是说情感意义是内嵌在电视画面中的。由此可见,这类画面通过从超然到卷入,从提供信息到要求行动,并将情感意义内嵌于画面人物中,在整个多模态语篇中起到穿针引线、奠定感情基调的作用。

第二类画面将语言部分的比喻修辞手法形象化地表现在电视屏幕上,相应的小句是(3)(4)(5)(6)(7)(17)和(18)。这里的比喻一共有三个:(4)"一条公益广告就好像是一盏灯"、(6)"每个人的心灵都像是一扇窗"和(18)"(文明)就像奥运火炬传递一样"。Martin(2001:316-321)认为,比喻是叙述语篇中引起读者评价的一种资源,因为它以具体的方式将抽象语域进行重新解释(例如,将公益广告的作用解释为灯光驱散黑暗),从而引起读者对抽象语域的重新评价。在探讨图文关系对评价意义的构建时,他进一步指出,图像与比喻在为后续语篇建立评价定位上有着相似的功能;当两者同时使用时,比喻能加强图像的评价意义。我们将这一对平面语篇的研究扩展到动态的电视荧屏上,可以发现这类电视画面在构建评价的功能,就在于与语言部分一起共同表达(co-articulate)语篇的态度倾向。这类画面大多采用"公共距离",人像通常较小因此内嵌情感意义并不明显,可见这类画面属于"激发式"评价手段,通过图文并茂的比喻手段来引起观众正面的判定和鉴别。

第三类画面增添了语言部分以外的内容,与之对应的小句为(9)(10)(11)(13)(14)(15)(20)和(21)。这些画面以故事片段的方式向观众阐释了(8)中的"文明就在我们身边":在路旁,一位正在跑步的大学生,将别人丢弃在外面的垃圾放入垃圾箱[相应的语言部分是(9)中的"十公分的距离"];在街边,一位装卸工人默默地将挡在行人道上的箱子搬开,以便盲人通行[即(10)"几十厘米的宽度"];在公园,一个小男孩怕把椅子踩脏,便用一张洁净的纸垫在脚下,去取下挂在树上的风筝[即(11)"一张纸的厚度"]。同样的故事片段方式还用于解释表现"体谅"的"手势",反映"关爱"的"等待"和带来"温暖"的"分享":电梯中,一位白领女士怕把同电梯里一位母亲怀里熟睡的婴儿吵醒,因此特意压低打电话的声音[与语言部分的(13)相对应];公车站,一名公车司机耐心地等待一位白发苍苍的赶车老人,直到老人上车站稳了才开车[与(14)相对应];大雨中,在高楼下的两个陌生人共撑着一把红色的雨伞[与(15)相对应]。这类画面通过纪实手法来拍摄身边常见而朴实的文明现象,来引起观众的共鸣和正面评价,虽然同样采用激发式来构建评价意义,但与第二类画面不同的是,它们是通过对特定概念意义的选择(Martin & White,2005:62)来激发评价的。

13.4 多模态电视公益广告评价意义的构建

上文考察了电视公益广告中构建评价意义的语言和图像资源。分析表明,电视公益广告的语言部分与画面内容紧密联系,但又并非对画面的重复解说。除了具有穿针引线作用的第一类画面外,其他两类画面都采用了激发式的评价意义构建方式,通过再现日常生活的场景含蓄地传达判定和鉴别意义;而作为旁白的语言则言简意赅地阐明画面的内涵,尤其是大量内嵌式的使用,以明确的方式使公益广告整体的评价意义变得清晰易懂。另外,电视画面也丰富了评价意义的种类,第一类画面运用特写镜头描绘了说话者声情并茂的叙述和呼吁,增添了语言部分所没有的内嵌式情感意义。下面以图 13.2 来归纳电视公益广告中多模态评价意义的构建。

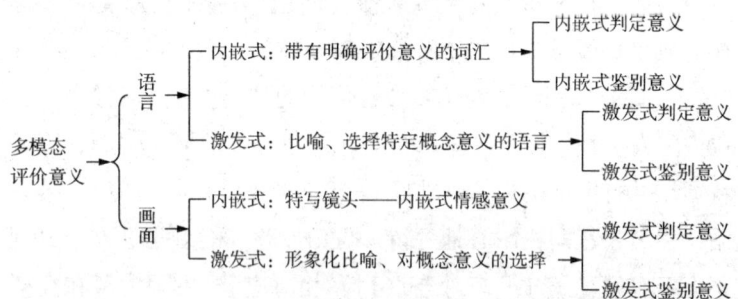

图 13.2 多模态电视公益广告评价意义的构建

以上所考察的图文资源在构建评价意义时具有相互加强的关系。具体来说,构建电视公益广告评价意义的六种图文资源(即带有明确评价意义的词汇、比喻语言、选择特定概念意义的语言、特写镜头、将比喻形象化的画面以及选择特定概念意义的画面)之间相互作用的结果并非意义的简单相加,语言符号在电视画面符号环境下得到了修饰和丰富,而电视画面符号在语言符号环境下也被明确和升华,从而产生"意义相乘"(Lemke,1998:92)的效果,这种相互加强的相乘关系使评价意义倍增,以韵律型的实现方式散布、贯穿于整个语篇的发展过程。

13.5 结语

本文以中央电视台"迎奥运、讲文明、树新风"电视公益广告为语料,运用评价系统和社会符号学的视觉分析法考察其语言和电视画面的评价性资源,得出以下结论:①在语言方面,主要通过内嵌式的判定意义和鉴别意义来评价群体行为和社会现象;一些激发式评价手段的运用能引起观众对所构建的评价意义的共鸣;此外,表达介入和分级意义的语言资源能有效地联盟读者、加强评价意义。②在电视画面上,特写镜头的运用增添了语言部分没有的内嵌式情感意义;形象化比喻和选择特定概念意义的画面则以激发式的评价意义构建方式,含蓄地表明判定和鉴别意义。文章最后以系统网络的方式总结了多模态的电视公益广告评价意义的构建模式,并讨论了构建评价意义的图文资源之间相互加强的"意义相乘"关系。

在近年来兴起的多模态语篇研究中,语言的用法不再被视为孤立的现象来研究,而将其置于同语言一起参与意义构建的其他符号资源的联系中进行分析和解释(O'Halloran,2004:1)。本文研究的是动态多模态语篇人际意义的评价系统,有机会将另文讨论其概念意义和语篇意义的实现形式。

参考文献

Allen, K. *Natural Language Semantics* [M]. Oxford: Blackwell, 2001.

Ancker, J. Developing the informed consent form: A review of the readability literature and an experiment [J]. *American Medical Writers Association Journal*, 2004, 19(3): 97 – 100.

Bailin, A. & A. Grafstein. The linguistic assumptions underlying readability formulae: A critique [J]. *Language & Communication*, 2001, 21(3): 285 – 301.

Bakhtin, M. *The Dialogic Imagination* [M]. Holquist, M. (ed.), Emerson, C. and Holquist, M. (trans.). Austin: University of Texas Press, 1981.

Bakhtin, M. The problem of speech genres [A]. In Emerson, C. & Holquist, M. (eds). McGee, V. W. (trans) *Speech Genres and Other Late Essays* [C]. Austin: University of Texas Press, 1986.

Baldry, A. English in a visual society: Comparative and historical dimension in multimodality and multimediality [A]. In Baldry, A. (ed.) *Multimodality and Multimediality in the Distance Learning Age* [C]. Campobasso, Italy: Editore, 2000.

Barthes, R. *Elements of Semiology* [M]. London: Cape, 1967.

Barthes, R. Rhetoric of the image [A]. In Barthes, R. *Image-Music-Text* [C]. Heath, S. (trans.) London: Fontana, 1977 [1964].

Bassett, J. *Alice's Adventures in Wonderland* (Adapted, Oxford Bookworms Stage 2) [M]. Beijing: Foreign Language Teaching and Research Press, 1997 [1994].

Bednarek, M. *Evaluation in Media Discourse: Analysis of a Newspaper Corpus* [M]. London: Continuum, 2006.

Bednarek, M. *Emotion talk across corpora* [M]. New York: Palgrave Macmillan, 2008.

Bednarek, M. & H. Caple. "Value added": Language, image and news value [J]. *Discourse, Context & Media*, 2012, 1(2 - 3): 103 - 113.

Bernstein, B. Codes, Modalities and the process of cultural reproduction: A model [J]. *Language and Society*, 1981, 10 (3): 327 - 363.

Bernstein, B. *Pedagogy, Symbolic Control and Identity: Theory, Research, Critique* (rev. ed) [M]. Lanham: Rowman and Littlefield, 2000.

Bruce, B. & A. Rubin. Readability formulas: Matching tool and task [A]. In A. Davison & G. M. Green (eds.). *Linguistic Complexity and Text Comprehension: Readability Issues Reconsidered* [C]. London: Erlbaum, 1988.

Bussmann, H. *Routledge Dictionary of Language and Linguistics* [M]. London: Routledge, 1996.

Carroll, L. *Alice's Adventures in Wonderland* [M]. London: GlobalGrey, 2015 [1865].

Carroll, L. *Alice's Adventures under Ground* [M]. British Library Online Gallery, 1864. http://www.bl.uk/onlinegallery/ttp/alice/accessible/introduction.html (accessed 18 May 2015).

Chen, P. Y. Classical Chinese vs vernacular Chinese in contemporary China [J]. *Journal of Sun Yat-sen University (Social Science Edition)*, 2002, 42 (3): 16 – 28.

Chen, P. Q. Introduction [A]. In *Ancient Chinese Fables (Library of Chinese Classics)* [C], translated by Yang, X. Y. & G. Yang. Beijing: Foreign Languages Press, 2010.

Chen, Y. M. The semiotic construal of attitudinal curriculum goals: Evidence from EFL textbooks in China [J]. *Linguistics and Education*, 2010, 21 (1): 60 – 74.

Chen, Y. M. Reconstructing classical Chinese fables through modern adaptations: A functional comparative study [J]. *Social Semiotics*, 2017, 27 (2): 145 – 157.

Chen, Y. M. & G. W. Huang. On the readability of original literary work and simplified versions: A perspective from grammatical metaphor [J]. *Foreign Language Teaching and Research*, 2014, 46 (6): 853 – 864.

Christie, F. Authority and its role in the pedagogic relationship of schooling [A]. In Young, L. & C. Harrison (eds.) *Systemic Functional Linguistics and Critical Discourse Analysis: Studies in Social Change* [C]. London: Continuum, 2004.

Christie, F. & J. R. Martin. *Language, Knowledge and Pedagogy: Functional Linguistic and Sociological Perspectives* [C]. London: Continuum, 2007.

Coates, J. *The Semantics of the Modal Auxiliaries* [M]. London:

参考文献

Croom Helm, 1983.

Coffin, C. *History as Discourse: Construals of Time, Cause and Appraisal* [D]. Unpublished Ph. D. thesis, Department of English, University of New South Wales, 2000.

Davies, J. Introduction [A]. In G. Ovenden (ed.). *The illustrators of Alice* [C]. London: St. Martin's Press, 1972.

de Saussure, F. *Course in General Linguistics* [M]. London: Duckworth, 1983 [1916].

Eco, U. *The Role of the Reader: Explorations in the Semiotics of Texts* [M]. Bloomington, IN: Indiana University Press, 1984.

Economou, D. The big picture: The role of the lead image in print feature stories [A]. In Lassen, I., J. Strunck & T. Vestergaard (eds.), *Mediating ideology in text and image: Ten critical studies* [C]. Amsterdam: Benjamins, 2006.

Eggins, S. *An Introduction to Systemic Functional Linguistics.* (2nd ed.) [M]. London: Continuum, 2004.

Feng, D. Z. & K. L. O'Halloran. The multimodal representation of emotion in film: Integrating cognitive and semiotic approaches [J]. *Semiotica*, 2013, 197: 79 – 100.

Gardner, M. *The Annotated Alice: The Definitive Edition* [M]. New York: W. W. Norton & Company, 2000.

Halliday, M. A. K. The linguistic study of literary texts [A]. In Webster, J. (ed.). *Linguistic Studies of Text and Discourse* [C]. London: Continuum, 1964/2002.

Halliday, M. A. K. Linguistic function and literary style: An inquiry into the language of William Golding's *the Inheritors* [A]. In Webster, J. (ed.). *Linguistic Studies of Text and Discourse*

[C]. London: Continuum, 1971/2002.

Halliday, M. A. K. *Explorations in the Functions of Language* [M]. London: Arnold, 1973.

Halliday, M. A. K. Text as semantic choice in social contexts [A]. In Webster, J. (ed.). *Linguistic Studies of Text and Discourse* [C]. London: Continuum, 1977/2002.

Halliday, M. A. K. *Language as Social Semiotic: The Social Interpretation of Language and Meaning* [M]. London: Arnold, 1978.

Halliday, M. A. K. Modes of meaning and modes of expression: Types of grammatical structure and their determination by different semantic functions [A]. In Allerton, D. J., E. Carmey, & D. Hodcroft (eds.). *Function and Context in Linguistic Analysis: A Festschrift for William Haas* [C]. Cambridge: Cambridge University Press/ In Webster, J. (ed.) *On Grammar* [C]. London: Continuum, 1979/2002.

Halliday, M. A. K. *An Introduction to Functional Grammar* [M]. London: Arnold, 1985.

Halliday, M. A. K. Poetry as scientific discourse: The nuclear sections of Tennyson's *In Memoriam* [A]. In Webster, J. (ed.). *Linguistic Studies of Text and Discourse* [C]. London: Continuum, 1987/2002.

Halliday, M. A. K. Things and relations: Regrammaticizing experience as technical knowledge [A]. In Webster, J. (ed.). *The Language of Science* [C]. London: Continuum, 1998a/2004.

Halliday, M. A. K. Language and knowledge: The "unpacking" of text [A]. In Webster, J. (ed.). *The Language of Science*

[C]. London: Continuum, 1998b/2004.

Halliday, M. A. K. Forward [A]. In Birch, D. & M. O' Toole (eds.). *Functions of Style* [C]. London: Pinter, 1988c.

Halliday, M. A. K. Some lexicogrammatical features of the zero population growth text [A]. In Webster, J. (ed.). *Linguistic Studies of Text and Discourse* [C]. London: Continuum, 1992a/2002.

Halliday, M. A. K. Systemic grammar and the concept of a "science of language" [A]. In Webster, J. (ed.). *On Language and Linguistics* [C]. London: Continuum, 1992b/2003.

Halliday, M. A. K. Towards a language-based theory of learning [A]. In Webster, J. (ed.). *The Language of Early Childhood* [C]. London: Continuum, 1993/2003.

Halliday, M. A. K. *An Introduction to Functional Grammar* (2nd Edition) [M]. London: Arnold, 1994.

Halliday, M. A. K. Introduction: On the "architecture" of human language [A]. In Webster, J. (ed.). *On Language and Linguistics* [C]. London: Continuum, 2003.

Halliday, M. A. K. & R. Hasan. *Language, Context and Text: Aspects of Language in a Social-Semiotic Perspective* (2nd ed.) [M]. Oxford: Oxford University Press, 1989.

Halliday, M. A. K. & J. R. Martin. *Writing Science: Literacy and Discursive Power* [M]. London: Falmer, 1993.

Halliday, M. A. K. & C. M. I. M. Matthiessen. *Construing Experience through Meaning: A Language-based Approach to Cognition* [M]. London: Cassell, 1999.

Halliday, M. A. K. & C. M. I. M. Matthiessen. *An Introduction to Func-*

tional Grammar (3rd ed.) [M]. London: Arnold, 2004.

Halliday, M. A. K. & C. M. I. M. Matthiessen. *Halliday's Introduction to Functional Grammar* (4th ed.) [M]. Oxon: Routledge, 2014.

Halliday, M. A. K. & E. McDonald. Metafunctional profile of the grammar of Chinese [A]. In Caffarel, A., J. R. Martin & C. M. I. M. Matthiessen (eds.). *Language Typology: A Functional Perspective* [C]. Philadelphia: Benjamins, 2004.

Hodge, R. & G. Kress. *Social Semiotics* [M]. Cambridge: Polity Press, 1988.

Hood, S. & Martin, J. R. Invoking Attitude: The Play of Graduation in Appraising Discourse [A]. In Hasan, R., C. M. I. M. Matthiessen & J. Webster (eds). *Continuing Discourse on Language. Vol.* 2 [C]. London: Equinox, 2007.

Hood, S. *Appraising Research: Taking a Stance in Academic Writing* [D]. Unpublished PhD thesis, University of Technology, Sydney, 2004.

Hood, S. Summary writing in academic contexts: Implicating meaning in processes of change [J]. *Linguistics and Education*, 2008, 19 (4): 351 –365.

Huang, G. W. & M. Ghadessy. *Functional Discourse Analysis* [M]. Shanghai: Shanghai Foreign Language Education Press, 2006.

Huang, G. W. & Y. Liu. A functional view on language complexity. [J]. *Foreign Language Education*, 2015, 36 (2): 1 –7.

Hummel, R. *Alice in wonderland* (Disney English) [M]. New York: Disney Enterprises, Inc./ Beijing: Foreign Language Teaching and Research Press, 2012.

Iedema, R., S. Feez & P. R. R. White. *Media literacy. 'Write it Right' Literacy in Industry Research Project-Stage* 3 [M]. Sydney Metropolitan East Disadvantaged Schools Program, NSW Department of School Education, 1994.

Ierace, G. *Alice's adventures in wonderland* (Adapted, Black Cat Graded Readers Level 3) [M]. Shanghai: East China Normal University Press, 2004 [2000].

Jacobs, L. B. Literature written for young children [J]. *Elementary English*, 1970, (6): 781-783.

Jewitt, C. The move from page to screen: The multimodal reshaping of school English [J]. *Visual Communication*, 2002, 1(2): 171-195.

Kazemek F. E. A brief discussion of readability formulas [J]. *The High School Journal*, 1984, (4): 248-251.

Kemper, S. Inferential complexity and the readability of tests [A]. In Davison, A. & G. M. Green (eds.). *Linguistic Complexity and Text Comprehension: Readability Issues Reconsidered* [C]. London: Erlbaum, 1988.

Kincaid, J. Alice's invasion of wonderland [J]. *PMLA*, 1973, 88 (1): 92-99.

Knechtges, D. R. Review of Liu I-Ch'ing, and Richard B. Mather *Shih-shuo Hsin-yü: A New Account of Tales of the World* [J]. *The Journal of Asian Studies*, 1978, 37 (2): 344-346.

Kress, G. & T. van Leeuwen. *Reading Images: The Grammar of Visual Design* [M]. London: Routledge, 1996.

Kress, G. & T. van Leeuwen. *Reading Images: The Grammar of Visual Design* (2nd Edition) [M]. London: Routledge, 2006.

Kress, G. & T. van Leeuwen. *Multimodal Discourse: The Modes and Media of Contemporary Communication* [M]. London: Arnold, 2001.

Kress, G. *Literacy in the New Media Age: Literacies* [M]. London: Routledge, 2003.

Kress, G. , C. Jewitt, J. Ogborn & C. Tsatsarelis. *Multimodal Teaching and Learning—The Rhetorics of the Science Classroom* [M]. London: Continuum, 2001.

Kress, G. & T. van Leeuwen. *Multimodal discourse: The modes and media of contemporary communication* [M]. London: Arnold, 2001.

Leech, G. N. *Meaning and the English Verb* [M]. London: Longman, 1971.

Lemke, J. L. Multimedia literacy demands of the scientific curriculum [J]. *Linguistics and Education*, 2000, 10 (3): 247 –271.

Lemke, J. L. Multiplying meaning: Visual and verbal semiotics in scientific text [A]. In Martin, J. R. & R. Veel. *Reading Science: Critical and Functional Perspectives on Discourses of Science* [C]. London: Routledge, 1998.

Li, C. N. & S. A. Thompson. *Mandarin Chinese: A Functional Reference Grammar* [M]. Berkeley: University of California Press, 1981.

Li, E. S. *Systemic Functional Grammar of Chinese* [M]. London: Continuum, 2007.

Li, R. L. Classical Chinese, colloquialism, Mandarin, dialect [J]. *Applied Linguistics (A Chinese Linguistics Journal)*, 2003, 12

(4): 2-9.

Luo, Z. F. Breaking a new path and aiming for distinction.][A]. In *Chinese Idiom Stories* [C]. Shanghai: Shanghai People's Fine Arts Publishing House, 2007.

Lyons, J. *Linguistic Semantics: An Introduction* [M]. Cambridge: Cambridge University Press, 1995.

Mansvelt-Beck, B. J. *Shih-shuo Hsin-yü, a New Account of Tales of the World* by Liu I-ch'ing, Richard B. Mather [J]. T'oung Pao, 1978, 64 (2): 282-298.

Martin, J. R. & D. Rose. *Genre Relations: Mapping Culture* [M]. London: Equinox, 2008.

Martin, J. R. & D. Rose. *Working with Discourse: Meaning beyond the Clause* (2nd Edition) [M]. London: Continuum, 2007.

Martin, J. R. & P. R. R. White. *The Language of Evaluation: Appraisal in English* [M]. London: Palgrave, 2005.

Martin, J. R. & D. Rose. *Working with Discourse: Meaning beyond the Clause* [M]. London: Continuum, 2003.

Martin, J. R. & M. Stenglin. Materialising reconciliation: Negotiating difference in a post-colonial exhibition [A]. In Royce, T. & Bowcher, W. (eds.) *New Directions in the Analysis of Multimodal Discours* [C]. Mahwah, New Jersey: Lawrence Erlbaum Associates, 2006.

Martin, J. R. & P. R. R. White. *The Language of Evaluation: Appraisal in English* [M]. London: Palgrave, 2005.

Martin, J. R. Analysing genre: Functional parameters [A]. In Christie, F. & J. R. Martin (eds.), *Genre and Institutions: Social Processes in the Workplace and School* [C]. London: Cassell, 1997.

Martin, J. R. Beyond exchange: Appraisal systems in English [A]. In Hunston, S. & G. Thompson (eds.) *Evaluation in Text: Authorial Stance and the Construction of Discourse* [C]. Oxford: Oxford University Press, 2000.

Martin, J. R. Boomer dreaming: The texture of recolonisation in a lifestyle magazine [A]. In Forey, G. & G. Thompson (eds) *Text-type and Texture* [C]. London: Equinox, 2008.

Martin, J. R. *English Text: System and Structure* [M]. Amsterdam: Benjamins, 1992.

Martin, J. R. *Factual Writing: Exploring and Challenging Social Reality* (2nd Edition) [M]. Oxford: Oxford University Press, 1989.

Martin, J. R. Fair trade: Negotiating meaning in multimodal texts [A]. In Coppock, P. (ed.) *The Semiotics of Writing: Transdisciplinary Perspectives on the Technology of Writing* [C]. Bloomington: Indiana University Press, 2001.

Martin, J. R. Interpersonal Meaning, Persuation and Public Discourse: Packing Semiotic Punch [J]. *Australian Journal of Linguistics*, 1995, 15 (1): 33 – 67.

Martin, J. R. Language, register and genre [A]. In Christie, F. (ed.) *Language Studies: Children Writing. Reader* [C]. Geelong, Vic: Deakin University Press, 1984.

Martin, J. R. Life as a noun: Arresting the universe in science and humanities [A]. In Halliday, M. A. K. & J. R. Martin. *Writing Science: Literacy and Discursive Power* [M]. London: Falmer, 1993.

Martin, J. R. Literacy in science: Learning to handle text as technology [A]. In Christie, F. (ed.). *Literacy for a Changing World* [C]. Melbourne: Australian Council for Educational Research, 1990.

Martin, J. R. & D. Rose. *Working with discourse: Meaning beyond the clause* (2nd edition) [M]. London: Continuum, 2007.

Martin, J. R. & P. R. R. White. *The Language of Evaluation: Appraisal in English* [M]. London: Palgrave, 2005.

Martin, J. R. Beyond exchange: Appraisal systems in English [A]. In Hunston, S. & G. Thompson (eds.) *Evaluation in Text: Authorial Stance and the Construction of Discourse* [C]. Oxford: Oxford University Press, 2000.

Martin, J. R. Sense and sensibility: Texturing evaluation [A]. In Foley, J. (ed.) *New perspectives on education and discourse* [C]. London: Continuum, 2004.

Martin, J. R. Tenderness: Realisation and instantiation in a Botswanan town [A]. In Nina Nørgaard (ed.), *Odense working papers in language and communication* [C]. Odense: University of Southern Denmark, 2008.

Martinec, R. Cohesion in Action [J]. *Semiotica*, 1998, (1/2): 161 – 180.

Martinec, R. Types of Process in Action [J]. *Semiotica*, 2000, 130 (3/4): 243 – 268.

Matthiessen, C. M. I. M. Combining clauses into clause complexes: A multi-faceted view [A]. In Bybee, J., & M. Noonan (eds). *Complex Sentences in Grammar and Discourse: Essays in Honor of Sandra A. Thompson* [C]. Amsterdam: Benjamins, 2002.

Meng, C. Y. *A Selection of Chinese Fables* [M]. Beijing: People's Education Press, 2007.

Mukarovsky, J. *Structure, Sign and Function* [M]. New Haven: Yale University Press, 1978.

Munday, J. *Evaluation in Translation: Critical Points of Translator Decision-making* [M]. New York: Routledge, 2012.

New curriculum standards research group. *Chinese Fables* [M]. Beijing: Beijing United Publishing Company, 2014.

New London Group. A Pedagogy of Multiliteracies: Designing Social Futures [J]. *Harvard Educational Review*, 1996, 66 (1): 60–92.

O'Halloran, K. L. Introduction [A]. In O'Halloran, K. L (ed.). *Multimodal Discourse Analysis: Systemic Functional Perspectives* [C]. London: Continuum, 2004.

O'Halloran, K. Systemic Functional-multimodal Discourse Analysis (SF-MDA): Constructing Ideational Meaning Using Language and Visual Imagery [J]. *Visual Communication*, 2008.

O'Toole, M. *The Language of Displayed Art* [M]. London: Leicester University Press, 1994.

Painter, C., B. Derewianka & J. Torr. From microfunction to metaphor: Learning language and learning through language [A]. In Hasan, R., C. M. I. M. Matthiessen & J. Webster (eds.). *Continuing Discourse on Language: A Functional Perspective Vol.* 2 [C]. London: Equinox, 2007.

Painter, C., J. Martin & L. Unsworth. *Reading Visual Narratives: Image Analysis of Children's Picture Books* [M]. Sheffield: Equinox, 2013.

Palmer, F. R. *Modality and the English Modals* (2nd Edition) [M]. London: Longman, 1990.

Palmer, F. R. *Mood and Modality* (2nd Edition) [M]. London: Longman, 2001.

Poole, S. C. *An Introduction to Linguistics* [M]. London: Macmillan, 1999.

Quirk, R., S. Greenbaum, G. Leech & J. Svartvik. *A Comprehensive Grammar of the English Language* [M]. London: Longman, 1985.

Quirk, R., S. Greenbaum, G. Leech & J. Svartvik. *A Grammar of Contemporary English* [M]. London: Longman, 1972.

Rackin, D. *Alice's Adventures in Wonderland and through the Looking-glass: Nonsense, Sense, and Meaning* [M]. New York: Twayne Publishers, 1991.

Rackin, D. Laughing and grief: What's so funny about Alice in wonderland? [A] In E. Guiliano (ed.) *Lewis Carroll Observed* [C], 1–18. New York: Clarkson Potter, 1976.

Ravelli, L. J. Renewal of connection: Integrating theory and practice in an understanding of grammatical metaphor [A]. In A. Simon-Vandenbergen, M. Taverniers & L. J. Ravelli (eds.). *Grammatical Metaphor: Views from Systemic Functional Linguistics* [C]. Amsterdam: Benjamins, 2003.

Richards, J. C., R. W. Schmidt, H. Kendrick & Y. Kim. *Longman Dictionary of Language Teaching and Applied Linguistics* (3rd Edition) [M]. London: Pearson Education Limited/ Beijing: Foreign Language Teaching and Research Press, 2002/2005.

Royce, T. Multimodality in the TESOL Classroom: Exploring Visual-verbal Synergy [J]. *TESOL Quarterly*, 2002, 36(2): 191 -205.

Sigler, C. Introduction [A]. In Sigler, C. (ed.), *Alternative Alices: Visions and revisions of Lewis Carroll's Alice's books* [C]. Lexington: The University Press of Kentucky, 1997.

Snyder, J. *Alice in Wonderland* (Adapted) [M]. Seoul: YBM/Sisa, 2005.

Stuart, B. J. *Alice's Adventures in Wonderland* (Adapted) [M]. Seoul: Darakwon Publishing Co., 2005.

Swan, J. *Alice in Wonderland* (Adapted) [M]. Boston: Cengage Learning, 2004.

Thompson, G. *Introducing Functional Grammar* (2nd Edition) [M]. London: Arnold.

Tomalin, M. 2006 [2000]. *Alice in Wonderland* (Adapted, Penguin Readers Level 2) [M]. Beijing: World Publishing Corporation, 2004.

Unsworth, L. *E-Literature for Children: Enhancing Digital Literacy Learning* [M]. New York: Routledge, 2005.

Unsworth, L. *Teaching Multiliteracies across the Curriculum: Changing Contexts of Text and Image in Classroom Practice* [M]. Buckingham: Open University, 2001.

Unsworth, L. & J. Wheeler. Re-valuing the Role of Images in Reviewing Picture Books [J]. *Reading: Language and Literary*, 2002, 36 (2): 68 -74.

Unsworth, L. Point of View in Picture Books and Animated Movie Adaptations [J]. *Scan*, 2013, 32(1): 28 -37.

van Leeuwen, T. *Introducing Social Semiotics* [M]. London:

Routledge, 2005.

van Leeuwen, T. *Speech, Music, Sound* [M]. London: Macmillan, 1999.

Wen, Z. *Ancient Chinese Fables* [M]. Nanjing: Nanjing University Press, 2012.

White, P. R. R. *Telling Media Tales: The News Story as Rhetorics* [D]. Unpublished PhD thesis, University of Sydney, 1998.

White, P. R. R. The Attitudinal Work of News Journalism Images: A Search for Visual and Verbal Analogues [J]. *Quaderni del CeSLiC. Occasional papers*, 2014.

Williams, R. *Alice's Adventures in Wonderland* (Adapted, Bedtime Reading Ⅲ) [M]. Beijing: Aviation Industry Press, 2004.

Wu, M. Preface [A]. In Wu, M. (ed.) *Classic Stories of China: Ancient Fables* [C]. Beijing: China International Press, 2011.

Xu, S. Y. On the Transformation of Classical Chinese into Modern Vernacular [J]. *Journal of Shanghai Normal University (Philosophy & Social Science Edition)*, 2008, 37 (2): 62 - 73.

Yang, X. Y. & G. Yang. *Ancient Chinese Fables (Library of Chinese Classics)* [M]. Beijing: Foreign Languages Press, 2010.

Yang, Y. *Emendation and Annotation of the Shih-shou Hsin-yu* [D]. The University of Hong Kong, Hong Kong, China, 1968.

Zhao, Y. Q. Rethink on the Debate of Classical Chinese and Vernacular Chinese in Modern Times [J]. *Journal of Hunan Normal University (Social Science Edition)*, 2011, 56 (5): 113 - 118.

曾蕾. 从功能语言学角度看"投射"与语篇分析 [J]. 外语与外语教学, 2000 (11): 15 - 17.

常晨光. 作为评价手段的情态附加语探析 [J]. 外语与外语教学, 2008 (1): 11–13.

陈瑜敏. 对外汉语文化教材话语态度资源分析 [J]. 语言教学与研究, 2010 (6): 1–7.

陈瑜敏, 黄国文. 语法隐喻框架下英语文学原著与简写本易读度研究 [J]. 外语教学与研究, 2014 (6): 853–864.

陈瑜敏, 秦小怡. 教科书语篇多模式符号的介入意义与多声互动 [J]. 外语与外语教学, 2007 (12): 15–18.

陈瑜敏, 邹妍妍. 《爱丽丝漫游奇境记》原著与简写本的复合小句关系对比研究 [J]. 外语与外语教学, 2016 (4): 54–62.

崔希亮. 汉语国际教育与中国文化走出去 [J]. 语言文字应用, 2012 (2): 25–27.

丁建新. 视觉的语法: 童话插图中情态的社会符号学研究 [J]. 中山大学学报 (社会科学版), 2007 (5): 39–42+125.

丁素萍, 舒伟. 投射系统研究——以《爱丽丝奇境漫游记》中的言语分析为例 [J]. 外语与外语教学, 2013 (1): 22–26.

范子烨. 《世说新语》的语言美 [J]. 求是学刊, 1986 (4): 85–90.

范子烨. 马瑞志的英文译注本《世说新语》[J]. 文献, 1998 (3): 210–29.

范子烨. 小说书袋子: 《世说新语》的用典艺术 [J]. 求是学刊, 1998 (5): 87–91.

傅莹. 影像的教育力量 [J]. 广东教育, 2005 (7): 60–61.

高萍. 公益广告初探 [M]. 北京: 中国商业出版社, 1999.

郭燕. 公益广告的策划艺术——一则公益广告的语篇分析

[J]. 中国石油大学胜利学院学报, 2007 (1): 21-23.

韩绍祥. 神笔马良 [M]. 北京: 人民教育出版社, 2003.

何乐士. 汉语语法史断代专书比较研究 [M]. 开封: 河南大学出版社, 2007.

洪汛涛. 神笔马良 [M]. 北京: 人民文学出版社, 1981.

洪汛涛. 神笔马良 [M]. 浙江: 浙江文艺出版社, 2011.

洪运.《神笔马良》之父洪汛涛 [J]. 博览群书, 2013 (3): 126-127.

胡明扬. 何谓中华文化, 且由学生自己品评——推荐一部对外文化系列教材 [J]. 世界汉语教学, 2004 (1): 105-107.

胡壮麟. 理论文体学 [M]. 北京: 外语教学与研究出版社, 2000.

胡壮麟. 评语法隐喻的韩礼德模式 [J]. 外语教学与研究, 2000 (2): 89-94.

胡壮麟. 社会符号学研究中的多模态化 [J]. 语言教学与研究, 2007 (1): 1-10.

胡壮麟, 姜望琪, 钱军. 语言学教程 (第四版) [M]. 北京: 北京大学出版社, 2013.

胡壮麟, 朱永生, 张德禄, 李战子. 系统功能语言学概论 [M]. 北京: 北京大学出版社, 2005.

黄国文. 语篇分析概要 [M]. 长沙: 湖南教育出版社, 1988.

黄国文. 语法隐喻在翻译研究中的应用 [J]. 中国翻译, 2009 (1): 5-9.

黄国文, 刘衍. 语言复杂性的功能语言学研究——《爱丽丝漫游奇遇记》原著与简写本难易程度比较 [J]. 外语教学, 2015 (2): 1-7.

雷茜, 张德禄. 现代文体学研究方法的新发展 [J]. 现代外语,

2016（2）：278-286.

李传新.话说《神笔马良》及其版本［J］.百家书话，2011（4）：72-73.

李德津，程美珍.外国人实用汉语语法（修订本）［M］.李德津，金德厚修订.北京：北京语言大学出版社，2008.

李基安.情态与介入［J］.外国语，2008（7）：60-63.

李战子.多模态语篇的社会符号学分析［J］.外语研究，2003（5）：1-8.

李治中.神笔马良［M］.北京：人民美术出版社，2010.

梁茂成.中国大学生英语笔语中的情态序列研究［J］.外语教学与研究，2008（1）：51-58+81.

刘世生，宋成方.功能文体学研究［J］.外语教学，2010（6）：14-19.

刘叶秋.古典小说笔记论丛［M］.天津：南开大学出版社，1958.

刘义庆.世说新语［M］.刘孝标，注.杭州：浙江古籍出版社，2011.

刘义庆.世说新语（汉英对照）［M］.马瑞志，译.北京：中华书局，2007.

刘义庆.绘画世说新语［M］.马照谦，译.上海：上海古籍出版社，2004.

娄毅.关于AP汉语与文化教材文化内容设计的几点思考［J］.语言文字应用，2006（2）：93-98.

鲁迅.中国小说史略［M］.北京：中华书局，2014.

马力.建构与解构——个文学史现象：20世纪90年代两岸童话范式转变与研究［M］.北京：中国社会科学出版社，2004.

宁稼雨.《世说新语》是志人小说观念成熟的标志［J］.天津

师范大学学报, 1988（5）: 75-79.

牛津高阶英汉双解词典［M］. 北京: 商务印书馆, 2004.

彭宣维, 程晓堂. 理论之于应用的非自足性——评价文体学建构中的理论问题与解决方案［J］. 中国外语, 2013（1）: 27-35.

钱穆. 中国史学名著［M］. 北京: 生活·读书·新知三联书店, 2004.

全星迓.《世说新语》: 历史向文学的蜕变［J］. 社会科学战线, 1999（3）: 121-25.

申丹. 有关功能文体学的几点思考［J］. 外国语, 1997（5）: 2-8.

申丹. 西方现代文体学百年发展历程［J］. 外语教学与研究, 2000（1）: 22-28.

史萍. 电视公益广告的语言特征［J］. 电视研究, 2004（7）: 60-61.

孙德金. 五十余年对外汉语教学研究纵览——《对外汉语教学研究论著索引》编后［J］. 语言教学与研究, 2009（2）: 45-53.

唐异明. 评《世说新语》英译本［J］. 读书, 1986（2）: 28-34.

唐忠朴. 电视公益广告的艺术特性及社会作用［J］. 电视研究, 1997（4） 35-37.

王飙. 中国大陆对外汉语视听教材评述与展望［J］. 世界汉语教学, 2009（2）: 252-261.

王力. 中国语法理论［M］. 山东: 山东教育出版社出版, 1984.

王能宪. 世说新语研究［M］. 江苏: 凤凰出版社, 2000.

王瑞祥. 儿童文学创作论［M］. 杭州: 浙江大学出版社, 2006.

王振华. 评价系统及其运作——系统功能语言学的新发展 [J]. 外国语, 2001 (6): 13-20.

王振华, 路洋. "介入系统" 嬗变 [J]. 外语学刊, 2010 (3): 51-56.

徐震堮. 世说新语校笺 [M]. 北京: 中华书局, 1984.

许琳. 我们从哪里来, 要到哪里去 [J]. 语言文字应用, 2012 (2): 23-25.

杨宪益, 戴乃迭, 汪龙麟. 汉英对照汉魏六朝小说选 (汉英对照) [M]. 北京: 外文出版社, 2005.

余嘉锡. 世说新语笺疏 [M]. 北京: 中华书局, 2011.

张德禄. 韩礼德功能文体学理论述评 [J]. 外语教学与研究, 1999 (1): 44-50.

张德禄. 功能语言学语言教学研究成果概观 [J]. 外语与外语教学, 2005 (1): 19-22.

张德禄. 功能文体学研究方法探索 [J]. 四川外语学院学报, 2007 (6): 12-16.

张德禄. 多模态话语分析综合理论框架探索 [J]. 中国外语, 2009 (1): 24-30.

张德禄, 董娟. 语法隐喻理论发展模式研究 [J]. 外语教学与研究, 2014 (1): 32-44.

张美芳. 语言的评价意义与译者的价值取向 [J]. 外语与外语教学, 2002 (7): 15-27.

张明新, 余明阳. 我国公益广告探究 [J]. 当代传播, 2004 (1): 68-70.

张㧑之. 世说新语译注 [M]. 上海: 上海古籍出版社, 2012.

张英. 对外汉语文化教材研究——兼论对外汉语文化教学等级大纲建设 [J]. 汉语学习, 2004 (1): 53-59.

张永言. 马译《世说新语》商兑续貂（一）——为纪念吕叔湘先生九十寿辰作 [J]. 古汉语研究，1994（4）：1－16.

张永言. 马译《世说新语》商兑续貂（二）——为纪念吕叔湘先生九十寿辰作 [J]. 古汉语研究，1995（1）：1－13.

张振德，宋子然.《世说新语》语言研究 [M]. 成都：巴蜀书社，1995.

赵宏勃. 对外汉语文化教材编写思路初探 [J]. 语言文字应用，2005（3）：69－71.

赵金铭. 跨越与会通——论对外汉语教材研究与开发 [J]. 语言文字应用，2004（2）：109－118.

赵金铭. 国际汉语教育研究的现状与拓展 [J]. 语言教学与研究，2011（4）：86－90.

中华人民共和国教育部教育部. 全日制义务教育英语课程标准 [M]. 北京：北京师范大学出版社，2001.

周小兵，罗宇，张丽. 基于中外对比的汉语文化教材系统考察 [J]. 语言教学与研究，2010（5）：1－7.

周小兵，赵新. 中级汉语精读教材的现状及新型教材的编写 [J]. 汉语学习，1999（1）：53－56.

周一良. 魏晋南北朝史论集 [M]. 北京：北京大学出版社，2010.

周一良. 魏晋南北朝史十二讲 [M]. 北京：中华书局，2010.

朱永生. 名词化、动词化与语法隐喻 [J]. 外语教学与研究，2006（2）：83－90.

朱永生. 多模态话语分析的理论基础与研究方法 [J]. 外语学刊，2007（5）：82－86.

朱勇，张晓锋. 电视公益广告的价值取向与编辑风格 [J]. 广播电视大学学报（哲学社会科学版），2003（2）：36－39.

宗白华. 美学散步 [M]. 上海：上海人民出版社，2005.
祖晓梅，陆平舟. 中国文化课的改革与建设——以《中国概况》为例 [J]. 世界汉语教学，2006（3）：121-127.